Reden zum Geburtstag

Günter Kunz

REDEN ZUM GEBURTSTAG

FALKEN
Taschenbuch

Im FALKEN Verlag sind zahlreiche Titel zu den Themen „Reden“ und „Feiern“ erschienen.
Bitte fragen Sie in Ihrer Buchhandlung.

Sie finden uns im Internet: **www.falken.de**

Dieses Buch wurde auf chlorfrei gebleichtem und säurefreiem Papier gedruckt.

Bei diesem Buch handelt es sich um eine Neuausgabe des bereits unter dem Titel „Bewährte Reden zum Geburtstag“ von Günter Georg im FALKEN Verlag erschienenen Buches.

ISBN 3 635 60116 0

Umschlaggestaltung: Zembsch' Werkstatt, München
Redaktion: Susanne Janschitz
Redaktion dieser Ausgabe: Winfried Schindler
Herstellung: Beate Müller-Behrens
Druck: Freiburger Graphische Betriebe GmbH, Freiburg

086011695X817 2635 44

Inhalt

Vorwort

Ein Kind wird geboren. Eltern, Verwandte und Freunde feiern den ersten Geburtstag, bringen Geschenke, halten eine kleine Rede. Der achtzehnte Geburtstag steht vor der Tür. Jugendliche werden an diesem Tag volljährig und offiziell in die Welt der Erwachsenen aufgenommen. Eltern, Verwandte und Freunde feiern zusammen mit dem Geburtstagskind diesen neuen Lebensabschnitt. Auch hier darf eine kleine Ansprache nicht fehlen.

Der dreißigste, vierzigste, fünfzigste und sechzigste Geburtstag wird gefeiert. Den abgeschlossenen Lebensabschnitt läßt man in der Festrede Revue passieren. Gutgemeinte Wünsche für den nächsten Lebensabschnitt werden formuliert.

Neben all diesen Geburtstagen im Familien- und Freundeskreis gibt es Geburtstage, die im gesellschaftlichen Leben eine Rolle spielen. Der Chef gratuliert einem Mitarbeiter, ein Vereinsvorsitzender dem Ehrenmitglied. Oder eine Institution – ein Kindergarten, ein Verein, eine Gemeinde – feiert »Geburtstag«, in Form eines Jubiläumsfestes.

Hier wie da sollte eine gelungene Ansprache nicht fehlen. Sie kann ernst oder heiter, launisch oder besinnlich sein, je nach Einfühlungsvermögen und Einfallsreichtum des Redners, der das Geburtstagskind gebührend feiern und ihm seine ehrlich gemeinten Glückwünsche übermitteln möchte.

Dem Benutzer des Buches werden – wie in allen Bänden dieser Reihe – Musteransprachen für die unterschiedlichsten Redeanlässe und Rednerrollen angeboten. Man kann die Beispiele übernehmen, man kann sie als Bausteine benutzen und eine neue Rede zusammensetzen, man kann sie kürzen oder ergänzen. Daß in den Musteransprachen konkrete Namen, Begebenheiten und Orte genannt sind, dient lediglich dazu, den Aufbau und den Vortrag einer eigenen Rede zu erleichtern. Etwaige Ähnlichkeiten mit tatsächlichen Begebenheiten sind daher rein zufällig.

Geburtstage sind immer wichtige Feste in der Familie, dem Freundeskreis, in der Gesellschaft. Mit einer gelungenen Ansprache wird die Bedeutung dieses Tages besonders unterstrichen. Ich wünsche Ihnen von Herzen, daß Sie mit Hilfe dieses kleinen Bandes immer die richtigen Worte finden.

Günter Kunz

Einige Hinweise für Ihre Rede

Nur ganz wenigen Menschen ist es vergönnt, zu jeder Zeit und zu jeder Gelegenheit aus dem Stegreif die passenden Worte zu finden. Wenn Sie selbst nicht zu diesen geübten Rednern gehören, dann sollten Sie bei der Vorbereitung Ihrer Ansprache besser nichts dem Zufall überlassen. Nur so können Sie ganz sicher sein, daß keine unangenehmen Pannen vorkommen. Nur so ersparen Sie sich und Ihrem Publikum höchst peinliche Augenblicke.

Reden zum Geburtstag werden meist im familiären Kreis gehalten, können aber im Berufsleben oder im gesellschaftlichen Bereich auch höchst offiziellen Charakter annehmen. Je nach Publikum sind dann natürlich auch die Anforderungen an den Redner, den Inhalt der Rede und an den eigentlichen Vortrag unterschiedlich.

Bei Reden im privaten Kreis, vor der Familie, vor Verwandten und Freunden kennt der Redner seine Zuhörer, so wie auch er den Zuhörern bekannt ist. Reden im privaten Kreis sind daher eher spontan als förmlich, eher gefühlsbetont als sachlich. Sie sind fast nie abstrakt oder theoretisch, sondern vollgepackt mit persönlichen Empfindungen und Wünschen, privaten Erlebnissen und Begebenheiten. Also nicht so sehr der Verstand, sondern mehr das Herz sollten Text und Vortrag leiten. Daher ist hier die gute freie Rede besser angebracht als ein möglicherweise geschliffener Vortrag, der von einem Manuskript abgelesen wird. Eine Ansprache im Familienkreis sollte keine langatmige Ausführung sein, sie sollte durch Lebendigkeit und Kürze überzeugen.

Offizielle Geburtstagsreden im Betrieb, im Verein oder im gesellschaftlichen Leben einer Gemeinde richten sich an einen völlig anderen Personenkreis. Die familiäre Vertrautheit, das intimere Wissen um Persönlichkeit und Begebenheit des privaten Kreises wird ersetzt durch ein distanziertes Verhältnis zur Person oder ein von Respekt und Achtung bestimmtes zur Institution. Dies bleibt nicht ohne Einfluß auf Redeinhalt und Vortrag.

Die nachfolgenden Überlegungen und Redebeispiele sollen Ihnen dabei als hilfreiche Handhabe dienen.

Wie bereite ich meine Ansprache vor?

Wie bei jeder anderen Rede benötigen Sie auch für eine Geburtstagsrede eine Fülle von Informationen.

Bei einer Geburtstagsrede im Kreis der Familie, vor Verwandten und Freunden sind Ihnen Ihre Zuhörer bekannt. Sie kennen die meisten persönlichen Daten, privaten Begebenheiten und gemeinsamen Erlebnisse. Sie kennen auch den ganz konkreten Anlaß für dieses Familienfest: den ersten Geburtstag, die jährliche Feier oder die besonders hervorzuhebenden runden Jubiläen, wie den dreißigsten, den fünfzigsten und sechzigsten.

Aus dieser Fülle von Stoff und Informationen wird es Ihnen ganz sicher nicht schwerfallen, eine aufmunternd-herzliche oder liebevoll-besinnliche Ansprache zusammenzustellen. Sie kennen den Kreis der Familie, der Verwandten und Freunde. Sie wissen, wo Gemeinsames oder Trennendes in Vergangenheit oder Gegenwart zu Übereinstimmungen oder Konflikten geführt hat. Obwohl es eigentlich selbstverständlich sein sollte, muß es hier dennoch erwähnt werden: in einer Geburtstagsrede im privaten Kreis haben familiäre Probleme, Konflikte und Auseinandersetzungen keinen Platz. Es gibt andere und bessere Gelegenheiten, sie auszudiskutieren. Das soll natürlich nicht heißen, daß Ihre Rede nur unverbindlich an der Oberfläche plätschern muß. Natürlich kann man in einer Geburtstagsrede auch einmal Sachprobleme ansprechen. Nur persönliche Meinungsverschiedenheiten und Auseinandersetzungen haben in einer Gratulationsrede nichts zu suchen.

Dreh- und Angelpunkt Ihrer Geburtstagsrede ist selbstverständlich das Geburtstagskind, bei den Allerkleinsten stellvertretend für sie die Eltern und Paten.

Nehmen Sie sich einen Stift und Papier zur Hand und notieren Sie sich Stichpunkte, falls Ihnen nicht alles frei aus dem Gedächtnis zur Verfügung steht:

- Möglichst alle Namen, einschließlich der Spitznamen – falls vorhanden – des Geburtstagskindes.
- Tag, Ort und Uhrzeit der Geburt.
- Gab es besondere Vorkommnisse an diesem Tag innerhalb oder außerhalb der Familie? (Besorgen Sie sich notfalls eine Tageszeitung von damals. Die meisten Bibliotheken, ganz sicher aber die Zeitungsredaktionen verfügen über entsprechende Archive. Auch das Sternkreiszeichen läßt humorvolle Spekulationen auf die Zukunft oder heitere Nachbetrachtungen zu.)
- Gab es besondere Ereignisse vor, bei und nach der Geburt?
- Gibt es Veranlagungen, Vererbungen oder Begabungen, Gewohnheiten in der Familie, die sich beim Angesprochenen deutlich bemerkbar machen?
- Gibt es in der Familie Überlieferungen, Regeln oder Traditionen, die an diesem Festtag von Bedeutung sind?
- Gibt es alte Geschichten, Zitate oder Anekdoten aus dem Familienkreis, die die Rede rhetorisch würzen können; gibt es alte Bilder oder Kleidungsstücke, die bildlich-plastisch unterstützen?

Und wenn Ihnen das alles noch nicht ausreicht, fragen Sie bei dessen Partner nach, den Eltern, Geschwistern, Großeltern oder

Freunden und Nachbarn. Auf diese Weise gelingt es Ihnen, vielleicht schon Vergessenes wieder ins Gedächtnis zurückzuholen.

Legen Sie sich durch Ihre Stoffsammlung eine roten Faden, wägen Sie noch einmal ab, ob – und gegebenenfalls wo – die Harmonie dieses Geburtstagsfestes vielleicht durch eine mißverständliche Formulierung gefährdet sein könnte – und schon haben Sie einen wichtigen Schritt auf dem Weg zu einer gelungenen Ansprache getan.

Für eine offizielle Geburtstagsrede benötigen Sie Informationen über die Person oder die Institution, die es an diesem Tag zu feiern gilt.

Bei Geburtstagsreden im Betrieb oder Verein besorgen Sie sich persönliche Daten entweder aus den Personal- bzw. Mitgliedsunterlagen oder fragen Angehörige und Bekannte, Kollegen oder im Notfall auch das Geburtstagskind selbst. Da der Jubilar nicht immer vor einem ihm auch privat bekannten oder vertrauten Zuhörerkreis gefeiert wird, sind an die Verwendung privater Daten und Begebenheiten besonders strenge Voraussetzungen zu knüpfen. Sie müssen sich auf jeden Fall vergewissern, daß Sie die Privatsphäre nicht verletzen. Im Zweifelsfall fragen Sie bei den Angehörigen des Jubilars oder dem Betroffenen selbst nach. Gemeinsam erlebte Begebenheiten können dagegen Verwendung finden, sofern sie nicht für das Geburtstagskind negativ ausgelegt werden können. Nützlich sind auch Vorfälle, Begegnungen und Zitate aus dem Alltag des Betriebes, der Verwaltung oder des Vereins, erreichte Erfolge und Ziele; Mißerfolge und Pannen sollte man nur dann erwähnen, wenn sie allgemein oder vom Betroffenen selbst als komische Randbegebenheit verstanden werden. Witz und Heiterkeit dürfen niemals zu Lasten des Betroffenen oder der sonstigen Zuhörerschaft gehen. Hier ist ganz besonders großes Fingerspitzengefühl und Einfühlungsvermögen gefragt.

Gilt es, eine Institution zu feiern, z. B. einen Verein oder eine Gemeinde, so lassen sich interessante Daten in der Regel aus den vorliegenden Unterlagen, aus Chroniken, Archiven und Bibliotheken zusammentragen. Offizielle Chronisten oder unmittelbar betroffene Zeit- und Tatzeugen können eigene Erlebnisse, Meinungen und Eindrücke untermauern und ergänzen helfen. Hier lautet eine wichtige Regel: eine offizielle Geburtstagsrede nicht überfrachten mit einer endlosen Reihe von Einzeldaten und -fällen. Zahlen immer sparsam verwenden und wenn, dann abgerundet oder in Größenordnungen. Also nicht »zweitausendneunhundertsiebenundneunzig« sondern »fast dreitausend«. Dasselbe gilt für Zeit- und Namensangaben. Also nicht: Als Alfons Müller, Heinrich Herbert Meier, Isolde Huber ... und noch zwanzig weiter namentlich Benannte ... am Montag, dem 24. April 1923 beschlossen, am Dienstag, dem 25. April 1923, 9.20 Uhr, im zuständigen Vereinsregister, Zimmer 128 des Amtsgerichts Frankfurt, Am

Gerichtsplatz 2a, den »Musikverein Harmonie e.V.« anzumelden ...

Sondern: Als Alfons Müller und seine zwanzig Mitstreiter am 25. April 1923 den Musikverein Harmonie gründeten ...

Auch hier sollten Sie durch Ihre Stoffsammlung einen roten Faden legen und überprüfen, ob – und gegebenenfalls welche – persönlichen Daten nicht verwendet werden dürfen und auf welche Daten das Geburtstagskind persönlich besonderen Wert legt.

Wie soll ich vortragen?

Wenn Sie alle Informationen und Unterlagen für Ihre Rede zusammengestellt, geordnet und gegliedert haben, kommt der zweite, nicht weniger wichtige Schritt. Es genügt ja eben nicht, alles aufzuschreiben und dann das fertiggestellte Redekonzept einfach vorzulesen.

Sowohl bei Reden im Familien- und Freundeskreis als auch bei Reden vor fremdem Publikum kommt neben der inhaltlichen Ausgestaltung dem eigentlichen Vortrag ganz besondere Bedeutung zu. Und deshalb ist es wichtig für Sie, sich mit einigen Details zuvor vertraut zu machen.

Zunächst müssen Sie wissen, wo Sie sprechen sollen. Die private Geburtstagsrede wird in der Regel in häuslicher Umgebung, die offizielle Geburtstagsrede in einem Sitzungssaal oder einem Festsaal gehalten. Vor allem im letzten Fall müssen Sie prüfen, ob Sie eine Verstärkeranlage benötigen oder gegebenenfalls andere technische Hilfsmittel zur optischen Unterstützung ihrer Rede. Ist der Raum, sofern die Feier nicht zu Hause stattfindet, abgetrennt oder können Außenstehende zuhören? Dies ist wichtig, um beurteilen zu können, ob auch Dinge aus dem privaten Bereich erwähnt werden können.

Datum, Ort und Uhrzeit für Ihre Ansprache werden Ihnen bekannt sein. Dabei ist Pünktlichkeit eigentlich selbstverständlich, gleichgültig, ob Sie Ihre Rede als Gast oder Gastgeber zu halten haben.

Falls vor oder nach Ihnen jemand spricht, den Sie kennen, sollten Sie sich auf jeden Fall vorher kurz mit diesem anderen Redner abstimmen. Es wäre jammerschade, wenn ein guter Einfall durch mehrfache Wiederholung zerredet wird. Eine solche Abstimmung ist auch bei offiziellen Redeanlässen gang und gäbe.

Sie sollten sich vorher prüfen und entscheiden, ob Sie frei vortragen können oder ob Sie sich eines Manuskripts bedienen wollen. Im letzteren Fall sollten Sie oft memorieren und probesprechen, bis der Text wirklich gut sitzt. Bereiten Sie das Manuskript so vor, daß Sie nicht an den Seiten kleben müssen, sondern immer mit einem Blick den Faden Ihrer Ansprache weiterverfolgen können, d. h., ihr Manuskript muß weitzeilig geschrieben sein, wichtige Stichwörter kann man deutlich unterstreichen, usw. Die Textsicherheit beim freien Reden oder die relative Textsicherheit mit einem Manuskript wirken entkrampfend auf Mimik, Gestik, Haltung, Tonlage. Denn diese müssen mit dem Inhalt Ihrer Rede so übereinstimmen, daß beim Zuhörer keine unterschiedliche Beurteilung im Hören und Sehen, zwischen Gesagtem und tatsächlich Empfundenem auftreten kann. Und gerade bei einem Zuhörerkreis, der Sie kennt, werden Widersprüche schnell und deutlich offenkundig. Bei einem offiziellen Zuhörerkreis lösen Widersprüche zwischen gesprochenem Wort und Mimik oder Gestik leicht Irritationen aus. Obwohl man Sie hier nicht oder nicht näher kennt, werden Abweichungen registriert, wenn auch oft nur unbewußt.

Kleidung und Frisur sollen dem Redeanlaß angemessen sein. Konventionen sollte man hier, wenn es irgend geht, Rechnung tragen. Sie kennen ja als Familienmitglied, als Freund oder Nachbar die Familiengewohnheiten. Wenn in festlicher Atmosphäre gefeiert werden soll, schließen Sie sich ruhig an. Dann wäre legere Straßenkleidung oder salopper Freizeitlook falsch. Findet die Geburtstagsfeier allerdings in etwas gelockerter Umgebung statt, dann sollten Sie nicht unbedingt als einziger durch Ihr Festgewand aus dem Rahmen fallen. Bei offiziellen Anlässen wird in aller Regel in konventionell festlicher Kleidung gefeiert.

Mimik und Gestik müssen der Thematik entsprechen. Ihr Gesicht, die Hände, alle Signale, die Ihr äußeres Erscheinungsbild dem

Zuhörer und Betrachter vermittelt, sollten unterstreichen, daß Sie sich mitfreuen und Anteil nehmen. Vermeiden sie aber auf jeden Fall, die Signale bewußt steuern zu wollen. Sofern Sie kein ausgebildeter Schaupieler sind, mißlingt Ihnen dies mit Sicherheit. Also versuchen Sie nicht, Freude und Anteilnahme zu heucheln, wo Sie nur Pflichtgefühl empfinden. Ihr Unterbewußtsein würde Ihre tatsächliche Einstellung auch abseits des gesprochenen Wortes durch Mimik und Gestik dokumentieren.

Überlegen Sie vor Ihrer Rede, ob sie vielleicht Ihren Vortrag optisch unterstützen und verbessern können, zum Beispiel durch alte, vertraute Gegenstände, durch Fotos, Bilder, Texte. Der Aufmerksamkeitsgrad Ihrer Zuhörer bleibt um so höher, je besser es Ihnen gelingt, über das gesprochene Wort hinaus zusätzlich und gezielt optische Aufmerksamkeit zu erregen. Das gleiche gilt für akustische Hilfsmittel, die man ebenso einsetzen kann.

Auch Tonlage und Sprechrhythmus müssen stimmen. Weder zu laut noch forsch, weder zu leise noch monoton. Sprechen Sie für alle Zuhörer verständlich, mit den entsprechenden Betonungen da, wo Sie in Ihrer Ansprache die Höhepunkte setzen wollen. Alles Gekünstelte und Aufgesetzte nehmen Ihnen Ihre Zuhörer ohnehin nicht ab, denn sie kennen Sie ja auch aus anderen Situationen. Dies gilt zumindest für die Reden im privaten Bereich und bei den Reden unter Kollegen.

Denken Sie bei Ihrem Vortrag in diesem Kreise an die alte, und hier in ganz besonderem Maße geltende Faustregel, daß in der Kürze auch die Würze liegt. Nur zu leicht wird den Feiernden die Festtagsstimmung durch ellenlange Ausführungen gründlich vergällt. Und das wollen Sie ja wohl auf jeden Fall vermeiden!

Habe ich auch nichts vergessen?

Eine Rede vor der Familie, vor Freunden und Nachbarn sollte nicht weniger ernst genommen und damit nicht weniger gründlich vorbereitet werden als eine Rede vor fremdem Publikum. Denn alle, die Sie kennen, sollen ja nicht plötzlich das Gefühl haben, einem völlig anderen Menschen nur deshalb zu begegnen, weil er zufälligerweise eine Rede halten soll oder will. Auch wenn Ihnen vertraute Menschen zweifellos mit weniger Vorhehalten und mehr liebevoller Aufmerksamkeit zuhören als fremde, so wollen sie als Zuhörer aber doch genauso ernst genommen werden wie Außenstehende. Denken Sie also auch bei einer Rede im Familienkreis an alle Regeln, die auch für einen erfolgreichen öffentlich auftretenden Redner gelten.

Die nachstehende Checkliste soll Ihnen noch einmal helfen, nichts zu vergessen.

- Wo, wann und vor wem wird wie lange geredet?
- Gibt es Hilfsmittel, mit denen man den Vortrag auflockern kann (Bilder oder andere Erinnerungsstücke, Tonbänder, Video oder ähnliches)?
- Sind alle persönlichen Daten, wichtige Ereignisse aus dem Leben der zu feiernden Person präsent (Errungenschaften, Begabungen, Gewohnheiten usw.)?
- Was darf vor dem Geburtstagskind oder den Zuhörern auf gar keinen Fall erwähnt werden (alte Empfindlichkeiten, persönliche Verluste)?
- Können oder müssen Ansprachen aufeinander abgestimmt werden?
- Welche Personen müssen gesondert angesprochen werden (besondere Ehrengäste, die Ältesten oder Jüngsten im Kreis, die am weitesten Angereisten)?
- Welche Personen sollten auf keinen Fall erwähnt werden?
- Von wo aus wird gesprochen (vom eigenen Platz, von der Tafelfront, frei im Raum)?
- Wird Familienfeier oder Rede in Bild und Ton festgehalten (Redepositionen und technische Aufnahmemöglichkeiten überprüfen)?

- Ist freier Vortrag möglich oder muß nach Manuskript gesprochen werden?
- Wurde oft genug memoriert, so daß Textsicherheit gegeben ist?
- Ist das Manuskript möglichst unauffällig benutzbar?
- Liegt zwischen Redevorbereitung und Vortrag gegebenenfalls noch ein erwähnenswertes Ereignis, das unbedingt berücksichtigt werden muß?

Ansprache halten

- Sind Sie sicher, daß Sie der Aufgabe physisch und psychisch gewachsen sind?
- Ist das äußere Erscheinungsbild (Kleidung, Frisur) angemessen?
- Augenkontakt zu den Zuhörern aufnehmen und halten!
- Sind Mimik und Gestik, Haltung, Tonlage und Sprechrhythmus angemessen?
- Können Sie überall gehört werden?
- Können Sie – falls nötig – schneller zum Schluß kommen, oder behutsam verlängern, wenn Ihre Rede »zündet«?

Reden zum Geburtstag in der Familie

Reden am Tag der Geburt

Der Vater spricht zur Geburt des ersten Kindes

Liebe Eltern und Freunde,
verehrte Gäste,
wir zwei – Helga und ich – freuen und riesig, Euch alle zur Geburtstagsfeier unserer kleinen Katherine begrüßen zu dürfen.

Vor Euch stehen eine glückliche Mutter und ein ebenso glücklicher Vater. Die eigentliche Hauptperson, um die sich seit geraumer Zeit sowieso alles dreht, seht Ihr nicht, wenigstens im Moment nicht. Ihr werdet sie aber im Laufe dieses Abends ganz sicher noch lautstark zu hören bekommen.

Wir beide sind glücklich, stolz und froh, daß alles ohne weitere Schwierigkeiten abgelaufen ist, Mutter und Tochter wohlauf sind und der bei solchen Gelegenheiten wohl am meisten strapazierte Teil, der Vater nämlich, auch so ganz allmählich wieder aufatmen kann. Stolz und glücklich sind wir mit unserer kleinen Katherine, und dieses Glück wollen wir am heutigen Tage ein wenig mit Euch teilen. Denn Ihr habt alle in den vergangenen Wochen und Monaten geduldig mit uns auf das große Ereignis gewartet, habt uns mit Rat und Tat zur Seite gestanden, wenn Not am Mann, meistens aber Not an der Frau war. Herzlichen Dank also heute Euch allen für Eure liebe Geduld, – weniger mit einer werdenden Mutter, als vielmehr mit einem werdenden Vater – für Eure freundschaftliche Verbundenheit und all die vielen schönen und nützlichen Geschenke, die ihr heute mitgebracht habt.

Nun ist unsere kleine Familie vorerst mal komplett, und wir werden in unsere neuen Rollen erst einmal hineinwachsen müssen. Und so wird die heutige Geburtstagsfeier gleichzeitig auch ein Test. Ein Test dafür nämlich, wie lange es uns gelingt, ohne lautstarken Einspruch von Katherine ein erstes Familienfest stattfinden zu lassen. Ich bitte Euch nun alle, mit uns zusammen euer Glas zu erheben. Wir drei heißen Euch herzlich willkommen in unserer Mitte. Trinkt mit uns den ersten Schluck auf eine glückliche Zukunft unserer kleinen Katherine!

Die Mutter spricht zur Geburt des ersten Kindes

Ihr Lieben,
um ganz ehrlich zu sein, ich habe mir die Arbeitsteilung in einer jungen Familie eigentlich etwas anders vorgestellt. Aber Werner meinte in seiner fast schon sprichwörtlichen Bescheidenheit, daß er wahrscheinlich kaum die erforderliche Objektivität aufbringen würde,

und bei der Vorstellung unseres Sohnes sicher sofort wieder ins Schwärmen geriete. Denn eines sei zwar richtig: im überschaubaren Verwandten- und Bekanntenkreis seien bereits Kinder geboren worden, die auf den ersten Blick ganz nett gewirkt hätten. Aber bei unserem ersten Sohn sei das ja schon von Anfang an alles etwas ganz anderes gewesen als in den sogenannten Normalfällen. Bereits während der Schwangerschaft habe man unschwer erkennen können, daß sich hier ein ungemein lebhaftes und – wie Werner frühzeitig zu bemerken glaubte – ganz offenbar auch auch ein besonders hübsches Kind entwickele. Die besonderen Erbanlagen, in ganz überragendem Maße augenscheinlich vom Vater übertragen, hätten sich nicht zuletzt darin gezeigt, daß der vorausberechnete Geburtstermin selbstverständlich pünktlich eingehalten worden sei, was man vom Sohn eines gewissenhaften Beamtenvaters eigentlich auch gar nicht anders erwarten könne. Daß das Geburtsgewicht mit knapp zehn Pfund bei einer Größe von über fünfzig Zentimetern natürlich das sonst wohl übliche Maß übertroffen hatte, konnte bei diesen Vorbedingungen dann natürlich auch nicht mehr überraschen. Dank allgemein guten Zuredens und Tröstungen aller Art gelang es dann gerade so eben, die selbstverständlich überdurchschnittlichen Belastungen speziell dieses werdenden Vaters noch in erträglichen Grenzen zu halten. Kurzum, Werner hat mich gebeten, die heutige Begrüßungsrede zu halten, damit er sich noch ein bißchen schonen könne. Und das, meine ich, kommt einem jungen Vater natürlich zu, zumal Klein-Thorsten und auch ich im Krankenhaus ja schon tagelang Zeit und Muße hatten, uns von den Strapazen der Geburt zu erholen.

Seid also alle herzlich willkommen. Unser erster Schluck gebührt folgerichtig dem Wohle des geplagten jungen Vaters, der zweite Euch, die Ihr mir dabei helft, ihn wieder aufzurüsten, der dritte natürlich dem kleinen Thorsten, damit er wachsen und gedeihen möge, und ihm und uns allen eine glückliche Zukunft beschert sei.

Noch einmal herzlich willkommen und – Prosit!

Der Großvater spricht zur Geburt des ersten Enkels

Liebe Kinder,
verehrte Gäste,
Mutter und ich haben Euch heute Nachmittag zu uns eingeladen. Im großen Kreis der Familie und der Freunde wollen wir die glückliche Geburt des kleinen Stefan, unseres lang ersehnten ersten Enkels, feiern.

Nun liegt die Hauptperson dieser ersten Geburtstagsfeier satt und zufrieden in seinem Körbchen oben im Zimmer und hat wohl am allerwenigsten von dieser Feier, die ja eigentlich ihm zu Ehren stattfindet. Aber wir wollen die kleine Atempause, die er seiner geplagten

Mutter zwischen den gewohnten Mahlzeiten läßt, nutzen, um ein Gläschen auf das Wohl unseres jüngsten Familienmitgliedes und seiner glücklichen Eltern zu trinken. Geburtstagsfeiern wie diese hier entsprechen alter Tradition in unserer Familie. Alle kamen sie früher von nah und fern, um sich den neuen Familienzuwachs anzuschauen, um Geschenke zu bringen und den jungen Eltern Ratschläge zu erteilen. Dieser schöne alte Brauch hat die Zeiten überdauert, und das ist gut so.

So wächst jedes Kind in unserer Familie in eine traute Gemeinschaft hinein, so wissen seine Eltern, daß ihre Freude und ihr Glück von vielen geteilt und damit noch viel größer wird.

Wie es der alte Brauch erfordert, gilt unser erster Schluck den jungen Eltern. Du, liebe Nanni, und Du, lieber Rüdiger, habt ja nun schon fast zwei Wochen lang ein völlig neues Familiengefühl erleben dürfen. Unübersehbar und unüberhörbar verlangt der kleine Kerl sein Recht. Notfalls auch mit ganz energischer Lautstärke macht er Mutter und Vater klar, wer nun im Mittelpunkt der jungen Familie steht. Aber wenn man Euch Dreien so zuschaut, sieht und spürt man, daß Ihr mit dieser neuen Rollenverteilung eigentlich ganz zufrieden seid. Wir wollen darauf trinken und Euch von ganzem Herzen wünschen, daß es auch so bleibt.

Der zweite Schluck gebührt nach altem Brauch dem neuen Familienmitglied. Möge er groß und stark werden, mögen sich alle die guten Wünsche erfüllen, die seine Eltern und wir alle ihm bei seiner Geburt mit auf den Weg gegeben haben, mögen sich auch die Hoffnungen erfüllen, die wir in ihn setzen.

Der dritte Schluck gebührt den Alten in dieser Runde, nicht zuletzt den stolzen und glücklichen Großeltern. Mit Stefan haben wir die Gewißheit, daß unsere Gemeinschaft weiterwächst.

Der vierte Schluck gilt Euch allen, die Ihr heute gekommen seid. Mit Eurem Kommen zollt Ihr nicht nur dem alten Familiensinn Tribut, mit Eurem Kommen und Euren guten Wünschen stellt Ihr auch unter Beweis, daß die Gemeinschaft dieser Familie eine gute Chance hat, auch in Zukunft zu bestehen. Und das ist, meinen Mutter und ich, mit das wichtigste Geschenk, das wir heute dem Kind auf den Weg mitgeben dürfen.

Noch einmal herzlich willkommen in unserem Hause, auf Euer aller Wohl und auf eine gesunde und glückliche Zukunft.

Die Großmutter spricht zur Geburt des ersten Enkels

Liebe Kinder,
verehrte Gäste,
nun ist unser aller langgehegter Herzenswunsch endlich in Erfüllung gegangen. Mit der glücklichen Geburt des kleinen Jan-Peter hat sich die Liebe unserer beiden Kinder auf so schöne, eindrucksvolle Weise bestätigt. Daß es ein Wunschkind ist, sieht man ganz si-

cher nicht nur ihm selber, sondern auch den Eltern an. Und die Freude der stolzen Großeltern, ihr langerhofftes erstes Enkelkind endlich im Arm halten zu dürfen, ist ja wahrscheinlich auch nicht zu übersehen.

Für uns alle ist dies ein schöner und glücklicher Tag. Gerade wir Älteren empfinden Freude und Dankbarkeit, daß es uns vergönnt ist, im Kreise der Familie ein solch schönes Fest mitfeiern zu können, und deshalb war es uns eine gern übernommene Ehrenpflicht, die jungen Eltern ein wenig in ihrer Gastgeberrolle zu entlasten.

Nun wächst in unserer Familie ein neues junges Leben heran. Wir haben ihm und allen, die ihm helfend und beratend auf seinem Wege zur Seite stehen, viele gute Wünsche mitzugeben. Wünsche nach Glück, Gesundheit, Zufriedenheit. Aber neben unseren vielen Wünschen haben wir auch einen Teil unserer Hoffnungen mitzugeben. Hoffnungen, die wir einst für uns selbst gehegt haben, die wir dann für unsere Kinder hegten und von denen wir jetzt wünschen, daß sie sich alle in unseren Enkeln erfüllen.

Es war und ist die Hoffnung auf ein friedliches Miteinander innerhalb und außerhalb der Familie. Es ist die Hoffnung, daß die Liebe und das Glück dieser kleinen Familie und aller, die ihr nahestehen, nicht durch Neid, Mißgunst und Streit von außen in Gefahr geraten. Es ist die Hoffnung, daß die Freude und die Dankbarkeit, die diese Tage und Wochen bestimmt haben, anhalten und daß sie immer helfen mögen, vielleicht einmal auftretende Schwierigkeiten, Sorgen und Nöte leichter bewältigen zu können.

Glaube, Liebe, Hoffnung, diese drei – so heißt es im Bibelwort –, sind es, die das menschliche Leben bestimmen und die es erst lebenswert machen.

Glaube, Liebe, Hoffnung wünschen Großvater und ich Euch beiden und dem kleinen Jan-Peter. Sie sollen Euer Leben immer begleiten, sollen es reich machen und vor Gefahren beschützen. Sie sollen aber auch uns helfen, zuversichtlich in eine gemeinsame friedliche Zukunft zu schauen.

Ein Pate spricht zur Geburt des Patenkindes

Liebe Silvia,
lieber Volker,
liebe Freunde,
natürlich weiß ich auch, daß das Ehrenamt der Patenschaft formell erst am Tage der Taufe übertragen wird. Aber erstens habt Ihr mich als Paten sozusagen ja schon ausgeguckt und zweitens haben so formelle Überlegungen an einem Tag nichts zu suchen, an dem Freude, Glück, Stolz und Zufriedenheit herrschen sollen. Wenn ich also auch erst ein »Pate in Lauerstellung« bin, so bin ich doch ganz gewiß schon berechtigt, zur Feier der Geburt Eures ersten Kindes ein paar Worte zu sagen.

Ich wünsche Euch beiden viel Glück und Segen für Euer erstes Kind. Mögen alle Wünsche, alle Hoffnungen, ja alle Träume, die Ihr für Euer Kind, Eure Familie und Euer gemeinsames Leben habt, in Erfüllung gehen.

Ich wünsche Euch, daß Ihr Euch die Überzeugung und die Beharrlichkeit bewahren könnt, mit der Ihr Euch entschlossen habt, in eine gemeinsame Zukunft zu starten. Ich wünsche Euch, daß Eure Entscheidung füreinander durch Eure Entscheidung für Euer Kind noch stärker gefestigt wurde. Wer, wie die meisten von uns, Euch in den letzten Wochen täglich gesehen und gehört hat, der hat spüren und erleben können, daß sich mit diesem Kind für Euch beide ein großer gemeinsamer Wunsch erfüllt. Und so wünschen wir Euch von Herzen, daß Eure erprobte und bewährte Zweisamkeit sich in der neuen Dreisamkeit noch weiter bestätigt und ergänzt.

Was wir als Eure Freunde dazu tun können, wollen wir gerne tun. Und was darüber hinaus noch an besonderen Aufgaben und Pflichten auf den Paten zukommt, wird nach besten Kräften prompt und zuverlässig erledigt werden.

Ich bitte Euch alle, mit mir Euer Glas zu erheben und einen kräftigen Schluck auf das Wohl des kleinen Achim und seiner Eltern zu trinken.

Was Ihr beiden Euch selbst und Eurem kleinen Sohn für die Zukunft erhofft und ersehnt, dies alles möge in Erfüllung gehen!

Ein Freund des Hauses spricht zur Geburt des ersten Kindes

Liebe Familie Frankenfeld,
verehrte Gäste,
nun geht einem das Wort »Familie« bereits ganz glatt über die Lippen. Verehrte, liebe Frau Frankenfeld, lieber Götz, ich darf Ihnen, ich darf Dir zur Geburt der kleinen Katinka herzliche Glück- und Segenswünsche aussprechen. Möge die kleine Tochter zur Freude der Eltern heranwachsen und alle Hoffnungen und Wünsche erfüllen, die man in sie setzt und ihr mit auf den Weg gibt.

Wir, die Freunde, die Bekannten und die Nachbarn, haben mit Ihnen die vergangenen Monate bewußt durchlebt. Trotz aller Fortschritte der Medizin stellt es ja immer noch ein gewisses Risiko dar, bleiben Zweifel und Unsicherheiten bestehen, ob die Entscheidung für ein Kind in unserem Alter richtig ist. Ich meine hier nicht die leider oft nur oberflächlich geführte Diskussion über die Zukunftsaussichten und Perspektiven, die wir unseren Kindern und Enkeln allein in umweltpolitischer Sicht noch bieten können. Nein, ich meine ganz konkret die gesundheitlichen Risiken für Mutter und Kind, die in unserem ja nicht mehr ganz so jugendlichen Alter auftreten können.

Heute darf ich Ihnen sagen, daß wir Ihre Entscheidung bewundert haben, daß wir aber auch mit Ihnen gehofft und manchmal auch ein wenig gebangt haben. Wird alles gut und komplikationslos ablaufen, werden keine unverhofften Schwierigkeiten auftreten?

Vielleicht hat dies ein wenig dazu beigetragen, Ihre eigenen Hoffnungen zu stärken und möglicherweise auftretende Befürchtungen schneller abzubauen. Ich finde, daß man an einem Tag wie dem heutigen dies alles nicht einfach unerwähnt lassen sollte. Freude, Glück, Dankbarkeit und Stolz darüber, daß alles gut abgelaufen ist, daß Mutter und Kind gesund und munter sind, daß wir heute Gäste einer rundum glücklichen Familie sein dürfen, alles dies soll uns nicht vergessen lassen, daß wir an etwas Außerordentlichem teilhaben durften und nicht an etwas Selbstverständlichem. Und daß Sie, liebe Familie Frankenfeld, uns hieran haben teilnehmen lassen, an Ihren Hoffnungen, Ihrer Zuversicht und Ihren Zweifeln und schließlich heute an der frohen Feier der glücklichen Geburt Ihres so lang ersehnten Kindes, macht uns sehr stolz. Lassen Sie uns darum sagen, daß die in den letzten Monaten noch gewachsene freundschaftliche Verbundenheit erhalten bleibt und daß Ihr Kind darin immer seinen guten Platz behält.

Wir alle wünschen Ihrer Familie Glück und Segen in einer friedvollen Zukunft.

Reden zum achtzehnten Geburtstag

Der Vater spricht zum achtzehnten Geburtstag der Tochter

Meine liebe Christine,
heute feiern wir Deinen achtzehnten Geburtstag. Kinder, wie die Zeit vergeht. Wie im Zeitraffer sind die letzten Jahre vergangen. Als wäre es gestern und nicht fast fünfzehn Jahre her, sehe ich Dich an der Hand Deiner Mutter zum Kindergarten laufen. Als wäre es gestern und nicht fast dreizehn Jahre her, sehe ich Dich mit der dicken Schultüte und großen erwartungsvollen Augen zum ersten Schultag gehen. Viele Szenen sind in Erinnerung geblieben: der erste Schwimmversuch im Waldbad mit mörderischem Geschrei, die erste handgreifliche Auseinandersetzung mit den Nachbarskindern auf dem Spielplatz, das erste – ganz heimliche – Rendezvous, von dem wir natürlich alle wußten.

Es waren Augenblicke dabei, die für die Eltern zum Schmunzeln waren und solche, an denen uns vor lauter Schrecken fast die Luft wegblieb. Weißt Du noch, wie Du in vollem Tempo mit dem Fahrrad auf die Mauer geknallt bist? Mir wird heute noch angst und bange, wenn ich nur daran denke.

Vieles von dem geht mir heute durch den Kopf, an diesem Tag, an dem Du einen neuen wichtigen Lebensabschnitt beginnst. Heute bist Du achtzehn Jahre alt und schaust gleichermaßen vertrauensvoll und selbstbewußt in die Zukunft. Das Abitur im nächsten Jahr wird wahrscheinlich keine Schwierigkeiten machen, und das anschließend geplante Studium scheint ebenfalls realisierbar zu sein. Ist das nicht Grund genug für Optimismus, Zufriedenheit, Selbstbewußtsein in diesem Augenblick, in dem der Gesetzgeber Dir rein rechtlich die Verantwortung für Dich selbst überträgt? Ich meine: ja. Für Deine Eltern gibt es aber auch ein wenig Grund zur Wehmut, weil Du Dich mit jedem weiteren Schritt in Richtung Selbständigkeit und Unabhängigkeit immer auch ein wenig weiter von uns entfernen wirst bis zu dem Tage, an dem Du schließlich Verantwortung für eine eigene Familie und eigene Kinder übernimmst. Bis dahin ist es aber wohl noch ein gutes Stück. Wir beide, Deine Mutter und ich, wünschen Dir heute Glück und Erfolg auf dem neuen Lebensabschnitt. Wir hoffen für Dich, daß Du ein wenig von der Leichtigkeit, von der Illusion und der Phantasie der Jugend hinüberretten kannst in die Welt der Erwachsenen, in der man sich mit härteren Realitäten herumplagen muß. Wir hoffen, daß Du weiterhin selbstbewußt und gradlinig Deinen Weg gehst und vor allem, daß unser offener und herzlicher Kontakt zueinander auch in Zukunft nicht abreißen wird.

Vielleicht tut es Dir gut zu wissen, daß Deine Eltern Dir auch auf dem weiteren Weg in die Zukunft stets zuverlässige Weggefährten bleiben wollen; wir werden da sein, wenn Du wünschst, daß wir Dich ein Stückchen begleiten sollen.

Eine Mutter spricht zum achtzehnten Geburtstag des Sohnes

Mein lieber, großer Junge,
heute wirst Du achtzehn Jahre alt und bist damit volljährig. Mit dem heutigen Tag räumen Dir der Gesetzgeber und die Gesellschaft weitere Rechte ein, bürden Dir aber auch weitere Pflichten auf. Du wirst mit diesem einen Stichtag interessant für Parteien, für Vereine, für Unternehmen. Du wirst es an der eingehenden Post merken. Jeder meint, er hat Dir was zu bieten und wird versuchen, es Dir auf seine ganz spezielle Art und Weise anzutragen. Dem sehr geehrten Herrn Jungwähler eine Stückchen Weltanschauung, gut verpackt in eine Reihe wohlformulierter Versprechen für die eigene Zukunft. Dem sehr geehrten Herrn Markus Kempenich die Empfehlung, am besten bei der Bank X ein Konto einzurichten oder bei der Versicherung Y rechtzeitig für das Alter vorzusorgen durch den Abschluß einer speziell auf seine Verhältnisse zugeschnittene Lebensversicherung. Und so werden sich in den nächsten Tagen und Wochen viele bei Dir melden, von der Autofirma bis zur Krankenversicherung, von der Sparkasse bis zum Reisebüro. Alle wollen Dir nur das Allerbeste. Doch wenn man näher hinsieht, ist es eigentlich immer nur Dein Geld, Dein jetzi-

ges oder Dein künftiges, das sie wollen. Du wirst umworben und umschmeichelt, informiert und manipuliert.

Du wirst schnell lernen müssen, aus der Flut der vielen Versprechungen, Angebote und Verlockungen seriöse und unseriöse auszufiltern und Entscheidungen zu treffen, die Deinen eigenen Möglichkeiten und Grenzen, Notwendigkeiten und Wunschträumen entsprechen. Sicher wirst Du, wie wir alle, im einen oder anderen Falle Enttäuschungen erleben oder auch mal Lehrgeld bezahlen müssen. Aber was macht das schon aus, wenn dabei die Generallinie und die Grundüberzeugungen nicht verloren gehen.

Der achtzehnte Geburtstag ist ein schönes Fest, aber auch ein schwerer Tag. Denn der Gesetzgeber bürdet damit von einem Tag zum anderen einem jungen Erwachsenen ein hohes Maß an Verantwortung auf. Verantwortung für sich selbst, aber auch Verantwortung für andere. Ob der Gesetzgeber und die Gesellschaft gerade junge Menschen aber auch ausreichend auf diesen Tag vorbereiten, wage ich doch zu bezweifeln.

Du kannst zwar mit dem heutigen Tag Deine Entschuldigungsbriefe für die Schule selbst unterschreiben, bist aber gleichzeitig darauf angewiesen, daß Deine Eltern Dir eben diesen Schulbesuch auch ermöglichen. Du kannst jeden Vertrag rechtsgültig unterzeichnen, auch wenn – wie es dann im Kleingedruckten heißt – bei Jugendlichen ohne eigenes Einkommen es dann eben doch noch der zusätzlichen Unterschrift eines Elternteils bedarf, der gegebenenfalls das Ganze bezahlen muß. Du bist frei in der Wahl Deiner Ausbildung und Deines Berufes, mußt in der Praxis aber mit dem vorlieb nehmen, was andere in Verwaltung und Wirtschaft für Dich übrig gelassen haben. Der achtzehnte Geburtstag ist, wenn man es ein wenig ironisch betrachtet, der Tag, an dem man theoretisch zusätzliche Freiheiten erlangt und sich praktisch ihrer Grenzen bewußt wird. Wenn Du mit dieser Einsicht beginnst, erwachsen zu werden oder zu sein, dann, lieber Markus, bist Du ab heute so erwachsen wie wir, die wir uns schon eine ganze Weile an diesen Zustand haben gewöhnen müssen.

Mein lieber Markus, das sind so die Gedanken einer Mutter, die ihrem großen Sohn zum Achtzehnten gratuliert und hofft, daß es ihm gelingt, aus seinem künftigen Leben das Richtige zu machen. Daß es ihm gelingt, mit künftigen Niederlagen genauso fertig zu werden wie mit Erfolgen. Als Deine Mutter hoffe ich, daß alles Gewohnte, Vertraute und Bewährte in unser beider Zusammenleben nicht plötzlich von einem mehr oder minder zufälligen Datum an in Frage gestellt wird.

Ich gratuliere Dir von ganzem Herzen zu Deinem achtzehnten Geburtstag und wünsche Dir alles Gute für Deine Zukunft.

Ein Pate spricht zum achtzehnten Geburtstag

Lieber Christoph,
liebe Irene, lieber Paul,
liebe Freunde und Gäste,

zuallererst Dir, lieber Christoph, meine besten Wünsche zu Deinem achtzehnten Geburtstag. Mögen Glück, Erfolg und Gesundheit in der Zukunft Deine ständigen Wegbegleiter sein! Das wünscht Dir Dein Patenonkel von Herzen am heutigen Tage.

Als Deine lieben Eltern und ich uns nach langer, langer Pause ganz zufällig vor fast zwanzig Jahren auf einer Radtour im Münsterland wiedertrafen – Ihr wart da mit Euren Tennisfreunden unterwegs, wißt Ihr noch? – war ausgemacht, daß die Kontakte der beiden Familien nun nicht mehr abreißen sollten. Und so habe ich auch sofort ja gesagt, als mir Deine Eltern, lieber Christoph, dann vor Deiner Geburt das Ehrenamt eines Paten antrugen. Damals bin ich mir über die Rolle eines Paten eigentlich gar nicht so richtig im Klaren gewesen. Man weiß halt, was alle wissen. Ein Pate soll den Eltern bei der Erziehung des Kindes helfen, er soll nach besten Kräften die Entwicklung seines Patenkindes fördern, soll immer dann, wenn er gebraucht wird, mit Rat und Tat zur Verfügung stehen und vor allem soll er nach landläufiger Ansicht zu den üblichen Fest- und Feiertagen nicht mit Geschenken geizen. Im nachhinein betrachtet war bei uns alles ein wenig so, aber auch gleichzeitig ein wenig anders. Auf jeden Fall haben Deine Eltern und ich diese Patenschaft nie als eine formelle Angelegenheit angesehen. Aus der gemeinsamen Verantwortung um Deine Entwicklung und Erziehung ist eine enge Freundschaft entstanden, in die Du hineingewachsen und fest eingebunden bist. Auch ohne viele Worte haben wir immer Auswege und Lösungen gefunden, wenn es Schwierigkeiten und Probleme zu überwinden galt. Rückblickend sehe ich diese achtzehn Jahre als eine ganz bewußt erlebte Zeit in gemeinsamer, liebevoller Sorge um einen heranwachsenden Menschen.

Heute nun beginnt für uns alle ein neuer Lebensabschnitt. Für Dich, lieber Christoph, weil Du volljährig geworden bist und mit neuen Rechten und Pflichten in die Welt der Erwachsenen eintrittst. Für Deine Eltern, die Dich bewußt auf diesen Tag vorbereitet haben, die Dich gelehrt haben, Deine Rechte zu verstehen und zu gebrauchen und dabei Deine Pflichten nicht zu vernachlässigen. Auch für mich, Deinen Paten, beginnt ein neuer Abschnitt. Besser eigentlich, es endet ein alter. Mit dem heutigen Tag ist mein Patenamt offiziell erloschen, was aber nicht heißen soll, daß damit auch die jahrelang gewachsene und erprobte Freundschaft plötzlich in Frage gestellt sei. Unsere Beziehungen zueinander, lieber Christoph, werden sich gewiß nicht ändern, auch wenn aus dem »offiziellen« Patenonkel ein »nichtoffizieller« Gesprächspartner und Freund geworden ist. Der Abschiedsgruß für das Patenkind ist also gleichzeitig die Begrüßung für den dazugewonnenen jungen Freund. Zur Erinnerung an diesen Tag möchte ich Dir diese Uhr schenken. Wenn Du willst, ist es ein symbolisches Geschenk, weil sie Dich in der Gegenwart immer auch an die Vergangenheit und die Zukunft erinnert. Und so soll sie Dir auch weiterhin zeigen, daß unsere Freundschaft, die in der Vergangenheit gewachsen ist, heute erneuert wird und sich – wie wir uns alle wünschen sollten – auch in späteren Tagen bewährt.

Ich wünsche Dir und Deinen lieben Eltern am heutigen Tag und für die Zukunft alles Liebe und Gute.

Eine Schwester spricht zum achtzehnten Geburtstag des Bruders

Lieber Bruder,
endlich ist der langersehnte Tag auch für meinen kleinen Bruder gekommen. Achtzehn bist Du geworden und damit nach dem Gesetz volljährig und erwachsen. Und weil das ein so wichtiger Geburtstag ist, wollen wir auch heute gar nicht darüber philosophieren, was um Himmels willen sich die Politiker damals gedacht haben, als sie bei der Verabschiedung dieses Gesetzes unterstellten, der menschliche Fortschritt sei zwischenzeitlich so gewaltig gewesen, daß Jugendliche nun drei Jahre früher erfahren, reif und weise genug seien, um gleichberechtigt in der Welt der Erwachsenen mitzumischen. Wie dem auch sei, lieber

Bruder, der Ausdruck »gleichberechtigt« soll mein Stichwort sein. Willkommen also als gleichberechtigtes Mitglied in der Welt der Erwachsenen. Vorbei ist jetzt die Diskriminierung gegenüber Deiner Schwester, die immer länger ausgehen durfte als Du, die im Gegensatz zu Dir wählen durfte, die ihre Entschuldigungen selber unterschreiben durfte, den Führerschein für ein Auto machen konnte oder rechtsgültig alles bestellen konnte, was es auf dem Markt zu kaufen gab, von der Zeitung über die Versicherung bis zum Kleiderschrank. Vorbei auch die Diskriminierung gegenüber Deinen Eltern, die für Dich bestimmen und handeln und für Dich die Verantwortung übernehmen mußten, während Du selbst sicherlich vieles anders – und natürlich auch viel besser – hättest erledigen können. Vorbei also all diese Diskriminierungen, auch wenn es sich – wie Du sehr bald merken wirst – eigentlich immer nur um theoretische und oft genug sogar um eingebildete Diskriminierungen gehandelt hat.

Mit der Gleichberechtigung ist es nämlich so eine Sache – genau wie mit den Rechten. Rechte nützen einem nichts, wenn man sie nicht ausfüllen kann oder will. Was hilft mir ein Führerschein, wenn ich kein Auto habe? Was nützt es mir, daß ich meine Entschuldigungen für die Schule selbst unterschreiben darf, wenn ich genau weiß, daß ich hängen bleibe, wenn ich dauernd fehle? Was hilft es mir, wenn ich Kaufverträge zwar unterschreiben darf, aber kein Geld habe, das Bestellte überhaupt zu bezahlen?

Du siehst also, lieber Bruder, in Deiner so herbeigesehnten Erwachsenenwelt geht es häufig genau so prosaisch zu wie in der Welt der Jugendlichen. Zumindest so lange noch, bis Dir genügend eigene Wege und Mittel zur Verfügung stehen, daß Du als Dein eigener Herr aus eigenem Entschluß Rechte in Anspruch nehmen und die daraus erwachsenden Pflichten erfüllen kannst.

Willkommen also, lieber Bruder, in der Welt der Erwachsenen. Nach dem unerforschlichen Ratschluß des Gesetzgebers öffnet sie sich Dir jetzt drei Jahre früher als sie sich unseren Eltern öffnete, wobei mir nie so recht klar geworden ist, wem man damit eigentlich einen Gefallen getan hat. Mach' das Beste daraus, vergiß nicht, wer Du bist und was Du einmal wolltest! Bleib Dir selbst und uns treu und laß Dich nicht unterkriegen! In diesem Sinne gratuliert Dir Deine Schwester von ganzem Herzen zu Deinem heutigen achtzehnten Geburtstag.

Ein Bruder spricht zum achtzehnten Geburtstag der Schwester

Geliebte, kleine Schwester,
ich darf das doch hoffentlich noch sagen, obwohl Du ja heute so groß und so erwachsen geworden bist. Ich wünsche Dir alles Liebe und Gute, die Erfüllung all Deiner Wünsche und Träume für die Zukunft.

Nun habe ich mich als neugieriger Bruder gefragt, worin bestehen denn die Wünsche und Träume meiner kleinen Schwester, vor allen Dingen natürlich die vielen unausgesprochenen. Und da ja bekanntlich die Sterne nie lügen und wir auch überhaupt nicht abergläubisch sind, dachte ich mir, schaust Du am besten einmal in Trixi's Jahreshoroskop nach, wohin die Reise gehen wird. Denn wenn einmal das Ziel erkannt ist, sind – wie man weiß – Stier-Geborene nicht mehr zu bremsen, bis sie dieses Ziel auch erreicht haben. Stier-Geborene packen zu, zielsicher und zuverlässig und lassen sich vom Wege zum angestrebten Ziel nicht abbringen. Und das, liebe Trixi, wirst Du auch müssen. Dein Jahreshoroskop zeigt nämlich, daß Du in puncto Liebe und Freundschaft Nachholbedarf hast. Als ich das las, dachte ich zuerst, ich sehe nicht richtig. Aber da die Sterne ja nie lügen, wird es wohl doch so sein. Und so sieht der Wonnemonat Mai für Dich ein ausgesprochenes Hoch vor, verheißt Dir die Begegnung mit interessanten Menschen und schließt nicht aus, daß Du Dich im Frühsommer neu verliebst. Allerdings deutet das Horoskop auch an, daß Du im September oder Oktober zu jenen Bedauernswerten gehörst, die feststellen, daß sich ein Flirt doch nicht in die erhofften festen Bahnen lenken läßt. Doch zeigt der November dann wieder glückliche Tage, die von einer erwartungsvollen Adventsstimmung abgelöst werden, die wiederum über Weihnachten anhält und selbst zu Silvester nichts von ihrer ursprünglichen Intensivität eingebüßt haben soll. Alles in allem also erfreuliche Aussichten für Dein neues Lebensjahr und für mich als verantwortungsbewußten Bruder ein guter Grund, dem Aufbruch der kleinen Schwester in die große Welt mit großer Gelassenheit entgegenzusehen.

Wenn alles eintritt, was in Deinem Jahreshoroskop steht, gehst Du ausgesprochen günstigen Zeiten entgegen. Du mußt nur daran glauben und das Glück sprichwörtlich wie einen Stier bei den Hörnern packen. Wobei mir nicht ganz klar ist, wie ein Stier einen Stier – und sei es nur als Glück – bei den Hörnern packen soll. Aber das ist nur ein technisches Problem, das Du auch lösen wirst.

Liebe Trixi, zu Deinem »Achtzehnten« wünscht Dir Dein Bruder stets ein rosiges Horoskop auch in Zukunft, und daß nur das Positive darin immer in Erfüllung gehen möge.

Reden zu »runden« Geburtstagen

Der Partner spricht zum dreißigsten Geburtstag (I)

Lieber Johannes,
heute feiern wir Deinen dreißigsten Geburtstag, also nicht irgendeinen, sondern einen runden, und von allen runden sicher einen der bedeutungsvolleren. Um in der Sprache Deines so überaus geliebten Fußballs zu blei-

ben: Am dreißigsten wird zur Halbzeit gepfiffen. Es bleibt eine kleine Verschnaufpause, um sich die erste Halbzeit noch einmal vor Augen zu führen. Ziel erreicht oder nicht, Taktik richtig oder falsch, mit eigenen Leuten gut zusammengespielt, den Gegner unterschätzt, Spielplan eingehalten, wie oft ins Abseits gelaufen, Tore erzielt oder Selbsttore geschossen, zuviel Kraft in falschen Spielzug investiert und so weiter, und so weiter. Und dann müssen die Überlegungen während dieser Halbzeit-Verschnaufpausen schnell umgesetzt werden, um gut gerüstet in die zweite Halbzeit starten zu können. Halbzeit ist aber auch für uns, Deine Mannschaftsangehörigen und Mitspieler; und damit eine gute Gelegenheit, Dir bei der Spielanalyse zu helfen. Insgesamt betrachtet war es bislang kein schlechtes Spiel, auch wenn der Sieg noch lange nicht gesichert ist. Vom Start weg lief es soweit ganz gut, die herausgearbeiteten Chancen wurden im wesentlichen gut verwertet, die Kondition reichte aus und der Teamgeist half, die gegnerischen Attacken abzuwehren. Ein ansprechendes Spiel in der ersten Halbzeit mit einer ansprechenden mannschaftlichen Geschlossenheit. Der erreichte Torvorsprung müßte, wenn man ihn geschickt verteidigt und nicht übermütig wird, eigentlich ausreichen, um auch die zweite Halbzeit unbeschadet zu überstehen.

Nun heißt es, beizeiten die Kräfte einzuteilen und für die zweite Hälfte gut auf die Kondition zu achten. Ja, es wäre vielleicht auch gut, sich mit dem Gedanken vertraut zu machen, daß man nicht unbedingt mit den jüngeren Leistungsträgern konkurrieren muß, sondern lieber Spielwitz und gewonnene Erfahrung in der etwas ruhigeren Gangart der Alt-Herren-Mannschaft optimal einsetzt. Auch wenn ich natürlich weiß, daß man mit dreißig noch lange nicht zum alten Eisen gehört.

Nun ist mir meine gesamte Geburtstagsrede zum Fußballkolleg geraten. Aber Du weißt ja, wie es gemeint ist. Deine Familie will Dich zu Deinem Dreißigsten ermahnen, ein wenig mit Deinen Kräften hauszuhalten, damit auch für die nächsten dreißig noch genügend Kraft und Freude übrigbleibt. Sie will Dir sagen, daß sie auch weiterhin bemüht sein wird, mit großer mannschaftlicher Geschlossenheit dafür zu sorgen, daß der erreichte Platz auch langfristig gesichert wird. Und schließlich wollen wir natürlich, was nun um ein Haar tatsächlich völlig vergessen worden wäre, Dir von ganzem Herzen alles Liebe und Gute zu Deinem Geburtstag wünschen. Viel Glück, jede Menge Erfolg und vor allem Gesundheit!

Der Partner spricht zum dreißigsten Geburtstag (II)

Liebe Sigi,
wir alle gratulieren Dir heute ganz herzlich zu Deinem dreißigsten Geburtstag. Ich habe mir sagen lassen, der dreißigste Geburtstag einer Frau sei noch unverfänglich genug, um auch in der Öffentlichkeit genannt zu werden. Von

diesen dreißig Jahren haben wir beide allein schon fast neun Jahre, mit den Kindern zusammen schon sechs Jahre gemeinsam verbracht. Insgesamt betrachtet war dies eine gute Zeit. Irgendwie ist es uns immer wieder gelungen, anstehende Fragen beizeiten so zu besprechen, daß sie sich gar nicht erst zum großen Problem auswachsen konnten. Da gab es wahrlich eine ganze Menge Fragen zu beantworten, wie in jeder jungen Partnerschaft, die immer wieder ernste Bewährungsproben zu bestehen hat. Und wenn ich es heute noch einmal recht überdenke, so sehe ich, daß die Rolle einer Frau in diesen Aufbaujahren ja gewiß die schwerere ist. Zumal dann, wenn mit der gemeinsamen Entscheidung für ein Kind auch gleichzeitig, zumindest für eine Übergangszeit, die Entscheidung gegen eine eigene berufliche Weiterentwicklung der Frau fallen muß. Einen Beruf einzutauschen – zudem noch einen, den man gerne und engagiert ausgeübt hat – gegen die neue Aufgabe einer Mutter und Hausfrau, bedarf schon einer großen eigenen inneren Überzeugung, damit am Schluß nicht nur Frust für alle Beteiligten übrig bleibt. In unserer Familie ist von einem solchen Frust nichts zu spüren, im Gegenteil. Und dieses ist zum allergrößten Teil Dein Verdienst, liebe Sigi. Deiner guten Laune kann halt nichts widerstehen, und das will ganz sicher etwas heißen bei den unterschiedlichen Temperamenten in dieser Familie. Irgendwie kriegst Du uns halt immer wieder alle unter einen Hut. Und genau dies wollen die Kinder mit diesem Bild ausdrücken, an dem sie tagelang wacker gearbeitet haben. Das war gar nicht so einfach, denn Du solltest davon natürlich nichts wissen, das Bild sollte ja eine Geburtstagsüberraschung werden. Also, das in der Mitte auf dem Thron, das bist Du. Die Leute drumherum sind Dein Mann, Deine Kinder, die Großeltern, die Tanten, Onkel, Freunde, Bekannte und Nachbarn. Sie haben alle Blumen und Geschenke in der Hand und gratulieren zum dreißigsten Geburtstag. Und wenn Du jetzt ganz genau auf das Bild guckst, dann hängt ein kleines Kettchen mit einem großen Anhänger um Deinen Hals. Das gibt es auch in echt, nämlich hier in diesem Kästchen. Wir hoffen, daß es Dir Freude bereitet. Es soll Dich immer an Deinen dreißigsten Geburtstag erinnern und an uns alle, die Dich lieben.

Ein Vater spricht zum dreißigsten Geburtstag

Lieber Hans-Peter,
Deine Mutter und ich gratulieren Dir von ganzem Herzen zu Deinem dreißigsten Geburtstag. Es ist ja schon Dein dritter runder Zehner und glaube mir, schon ein prima Gefühl, wenn man als Eltern noch halbwegs gesund und munter runde Geburtstagsjubiläen mit den Kindern und Enkeln feiern kann. Vor nicht allzu langer Zeit haben wir unser komplettes halbes Jahrhundert gefeiert – das hört sich eigentlich fürchterlich alt an, findet Ihr nicht auch? Heute sind wir in die Rolle der Gratu-

lanten geschlüpft. Was wünscht man seinem dreißigjährigen Sohn zum Geburtstag neben den üblichen guten Wünschen für Glück, Gesundheit und Erfolg? Vielleicht ein bißchen mehr Ruhe und Entspannung, damit Du nach den Strapazen des Alltags auch die schönen Seiten des Lebens genießen kannst? Vielleicht ein bißchen mehr Zeit für alle die vielen kleinen, angeblich so nebensächlichen Dinge, die man immer vor sich herschiebt mit der Ausrede, die größeren und angeblich wichtigen hätten selbstverständlich Vorrang, und wenn man diese erst mal erledigt hätte, dann »könne man ja immer noch einmal...«. Glaube mir, das »immer noch einmal« bekommt mit zunehmendem Alter die unangenehme Angewohnheit, sich unmerklich, aber auch unwiderruflich zum »niemals« umzuwandeln. Vielleicht sollten wir Dir aber auch ein bißchen mehr Abstand und Humor wünschen, damit Du vieles nicht mehr ganz so ernst nimmst, Dich selbst nicht ausgeschlossen, und damit Du aus dieser völlig anderen Perspektive mit mehr Gelassenheit an die Dinge herangehen kannst. Am besten wäre es, Du bekämst von allem ein bißchen und dazu noch ein kleines Quentchen Egoismus. Aber in dem Sinne gemeint, daß man die eigenen Bedürfnisse, Wünsche und Träume nicht ständig anderen, wie auch immer gearteten Sach- und Personenzwängen unterordnet. Dies alles wünschen Dir Deine Eltern zu Deinem dreißigsten Geburtstag. Und damit diese guten Wünsche und Anregungen auch den heutigen

Tag überdauern, haben wir Dir eine Torte mitgebracht.

Natürlich hat es mit dieser Geburtstagstorte auch seine Bewandtnis. Eugen Roth hat es mit einem kleinen Gedicht so unvergeßlich und meisterhaft ausgedrückt:

Ein Mensch kriegt eine schöne Torte.
Drauf steh'n in Zuckerguß die Worte:
»Zum heutigen Geburtstag Glück!«
Der Mensch ißt selber nicht ein Stück,
Doch muß er in gewaltigen Keilen
Das Wunderwerk ringsum verteilen.
Das »Glück«, das »heu«, der »tag«
verschwindet,
Und als er nachts die Torte findet,
Da ist der Text nur mehr ganz kurz.
Er lautet nämlich nur noch »burts«.
Der Mensch, zur Freude jäh entschlossen,
Hat diesen Rest vergnügt genossen.

Vielleicht helfen die Torte und das Gedicht von Eugen Roth immer dann, wenn man Gefahr läuft, Freunde nur noch »jäh entschlossen« zu genießen oder genießen zu können, statt vergnügt. Diesen Wunsch legen wir zusammen mit dieser wunderschönen Torte auf den Geburtstagstisch. Herzlichen Glückwunsch, lieber Hans-Peter, zu Deinem dreißigsten Geburtstag.

52 Ein Freund spricht zum dreißigsten Geburtstag

Liebes Geburtstagskind,
nun gehörst Du also auch zu jenen, denen man nicht mehr trauen kann, denn wie heißt es im Slogan der Sechziger-Generation: »Traue keinem über Dreißig!« Hast Du Dir eigentlich schon einmal überlegt, warum das so ist? Ich möchte Dir gewissermaßen als rhetorisches Geburtstagsgeschenk einen Erklärungsversuch für diesen Slogan übergeben. Vielleicht kannst Du für Dich selbst und selbstverständlich auch Deine Umgebung daraus eine nützliche Lehre ziehen. Also, ich stelle mir das so vor:

Zunächst sagen die Erwachsenen den Kindern, was für sie wichtig ist, und die Kinder glauben das. Doch während sie heranwachsen, verstärken sich die Zweifel der Kinder und Jugendlichen, ob das, was die Erwachsenen für wichtig halten, auch richtig ist. Einige Jahre später wissen die jungen Erwachsenen, daß das, was die älteren Erwachsenen einst für richtig hielten, nicht richtig ist. Doch so um die Dreißig herum ist dann der Zeitpunkt gekommen, wo die jüngeren Erwachsenen älter werden und nun auch wissen, daß das, was die jüngeren Erwachsenen von den älteren Erwachsenen wissen, vielleicht nicht ganz richtig, wahrscheinlich aber auch nicht ganz falsch ist. Und damit beginnt dann das sogenannte gefährliche Alter. Denn ständig steht man als Dreißiger unter Rechtfertigungszwang. Gegenüber den älteren Erwachsenen, gegenüber den jüngeren Erwachsenen, gegenüber den Kindern. Am Schluß weiß man selbst nicht mehr so genau, ob das, was wichtig war, auch richtig ist oder das, was richtig ist, auch wichtig war oder beides oder wie ...

Dieses Dilemma hat die sogenannte Sechziger-Generation ganz richtig zu Ende gedacht, denn sie hat sich am Schluß ja eigentlich selbst nicht mehr so recht über den Weg getraut.

Nun, ich wünsche Dir, daß Dir dieses Dilemma weitgehend erspart bleibt, daß Du weißt, was für Dich wichtig ist, und daß das, was Du als solches erkennst, auch richtig für Dich ist!

Du siehst also, daß das mit dem Dreißigsten wirklich nicht so einfach ist. Aber, um zum Aufhänger meines Erklärungsversuchs zurückzukehren: natürlich trauen wir Dir, auch wenn Du jetzt über dreißig bist. Und natürlich trauen wir Dir auch zu, daß Du selbständig und selbstbewußt auf Deinem Weg weitergehen wirst. Und wir sind überzeugt, daß wir uns als langjährige Freunde wie bisher auch auf diesem Wege begegnen, wann immer es wichtig und richtig ist. Von uns allen für die nächsten Etappen die besten Wünsche für Glück, Gesundheit und Zufriedenheit.

Der Partner spricht zum vierzigsten Geburtstag (I)

Liebe Barbara,
liebe Gäste,
als wir heute morgen im allerengsten Familienkreis unserem Geburtstagskind zum Vierzigsten gratulierten und ihm ankündigten, daß heute abend auf der Geburtstagsparty natürlich auch eine Ansprache nicht fehlen werde, bekam ich als zusätzlichen Geburtstagswunsch mit auf den Weg: Wenn es schon sein muß, dann mach's wenigstens kurz

Zum Vierzigsten muß es einfach sein, liebe Barbara, denn was wäre dieses Fest ohne Kommentar desjenigen, der sich fast ein Jahr lang den Kopf darüber zerbrochen hat, was zur Feier dieses Tages nicht nur an schönen Geschenken, sondern auch an guten und lieben Worten, Wünschen und Ratschlägen mitzubringen wäre. Schließlich soll das Geburtstagskind ja wohlversorgt und aufgemöbelt in das neue Lebensjahr entlassen werden. Aber wunschgemäß will ich es kurz halten.

Mit vierzig Jahren, so heißt es, habe man den Zenit des Lebens erreicht. Viele haben wohl auch ein wenig Angst davor, sich diesem Gipfel zu nähern. Das sind jene Enddreißiger, die ihren Zustand bis zum abrupten Übergang zum Fünfzigsten zu halten versuchen! Die Angst vor dem Gipfel ist aber doch nur die völlig unbegründete Befürchtung vor dem: »Von nun an geht's bergab«. Alles Unfug! Denn wenn man nach langem mühevollen Aufstieg einen Gipfel erreicht hat, nimmt man sich zunächst einmal genügend Zeit, sich ausgiebig auszuruhen und ein wenig Ausschau zu halten. Die ganze Seilschaft feiert zusammen das erreichte Ziel, so wie wir das heute auch tun wollen.

Dann schaut man sich in Ruhe einmal um, wie die Wegstrecke weiter verläuft. Und siehe da, kein steiler Abstieg liegt vor einem, sondern ein herrlicher Höhenwanderweg mit wunderschönen Ausblicken nach vorne und zurück, mit besserer Weitsicht als beim Aufstieg und mit weniger Zeitdruck. Man kann jetzt ruhig durchatmen und sich gestärkt und wohlgemut auf die nächste Etappe begeben. Das finde ich, ist doch ein prima Gefühl, zumal wenn man so vertraute und verläßliche Weggefährten hat. Der große Kreis all Deiner Gratulanten am heutigen Tag, liebe Barbara, will Dir zeigen, daß wir genauso fröhlich und zuversichtlich die nächste Etappe zusammen beginnen wollen, wie wir die vorangegangene beendet haben.

Selbstverständlich können wir als bergerfahrene alte Hasen unsere Wegstrecken besser planen als die jungen Gipfelstürmer. Also nicht nur steil bergan und danach ebenso steil wieder hinunter, sondern gemächlich auf und gemächlich ab, notfalls auch mit Umwegen von Gipfel zu Gipfel, bis die Wanderung irgendwann einmal zu Ende geht.

Und damit Du auch wohlgerüstet mit uns zur nächsten Etappe aufbrechen kannst, haben wir Dir diese neuen Wanderschuhe besorgt. Aber die müssen natürlich erst noch eingelaufen werden. Und so gehört zu diesen Wanderschuhen noch ein Wochenende auf der Wiesbadener Hütte in der Silvretta, weil sich gerade von dort aus die Höhenwanderung zwischen den Gipfeln mit neuen Stiefeln besonders gut üben läßt. Wir gratulieren Dir alle von Herzen zu Deinem Geburtstag und freuen uns mit Dir auf die nächste gemeinsame Etappe.

Der Partner spricht zum vierzigsten Geburtstag (II)

Lieber Herbert,
heute sind alle hier zusammen gekommen, um Dir von Herzen Glück und Segen zu wünschen zu Deinem vierzigsten Geburtstag: die Familie, die Freunde und Nachbarn, die Vertreter vom Musikverein, vom Kegel-Club und der Wandergruppe des Sportvereins. Wenn Deine Frau in diesem Kreis der Gratulanten als erste das Wort ergreift, dann soll das endgültig mit dem langlebigen Vorurteil Schluß machen, wir, die Frauen, hätten in unserer Familie immer das letzte Wort. Alles nur Gerüchte, wie man jetzt sieht und vor allem hört.

Was gibt man seinem Ehemann bei seinem Vierzigsten mit auf den Weg, habe ich mich gefragt. Es müßte etwas sein, was sein Hobby unterstützt, zur Gesundheit beiträgt und gleichzeitig das Familienleben fördert. Schon erraten? Deine Tochter und ich schenken Dir zum Geburtstag dieses Bestimmungsbuch für seltene Pflanzen in Wald und Feld. Drauf gekommen sind wir, als wir auf der letzten Wanderung Anfang Mai durch die Wutachflühen so seltene Exemplare wie den Alpenzwergbuchs, den rötlichen Schuppenwurz und den Aronstab fanden. Die waren ja nun wahrhaftig nicht leicht zu bestimmen, geschweige denn waren die lateinischen Bezeichnungen zu behalten. Wer weiß schon, daß sich hinter dem *Arum maculatum* der Aronstab und hinter der *Lathraea squamaria* der Schuppenwurz verbergen. Jedesmal schaust Du ungläubig, wenn wir – endlich nach Hause gekommen – in mühevoller Sucharbeit in den dicken Bestimmungsbüchern die unterwegs entdeckten Pflanzen ausfindig gemacht zu haben glaubten.

Aber das wird ja jetzt alles ganz anders, denn das neue Bestimmungsbuch ist leicht und handlich und kann deshalb zur ständigen Wanderausstattung gehören, und wie ich Dich kenne, wird es das auch – wenn es nicht, wie zum Beispiel der Fotoapparat, gerade dann wieder zu Hause liegen geblieben ist, wenn man es vor Ort am dringendsten braucht. Wir hoffen, daß Dir das Buch Freude macht und Dich ermuntert, das Schwergewicht Deiner Hobbies auf die Botanik zu verlagern. Denn unser Geschenk zu Deinem vierzigsten Geburtstag hat neben einem Sinn natürlich auch einen Hintersinn. Deine beiden Frauen, die alte Junge und die junge Junge, wünschen Dir zu Deinem Geburtstag alles Liebe. Bleib so, wie Du bist, damit wir auch in

Zukunft zufrieden mit Dir und stolz auf Dich sein können. Herzlichen Glückswunsch und auf Dein Wohl!

Ein Elternteil spricht zum vierzigsten Geburtstag des Sohnes

Mein lieber Junge,
verehrte Gäste,
Deine Eltern gratulieren Dir, lieber Siegfried, von ganzem Herzen zu Deinem vierzigsten Geburtstag. Wir freuen uns mit Deiner Familie, daß wir diesen schönen Tag in einer so netten Atmosphäre zusammen feiern können. Es ist ja kein alltägliches Erlebnis, daß sich die Generationen gemeinsam zu einem harmonischen Familienfest zusammenfinden, so wie wir es heute an diesem runden Geburtstag tun können. Wir sollten diese Stunde also bewußt genießen. Du, lieber Siegfried, kannst am heutigen Tage zusammen mit Deiner Frau und Euren Kindern ruhig und zufrieden auf das Erreichte zurückblicken. Und ebenso gelassen wie optimistisch kannst Du in die Zukunft schauen. Ein herzliches Familienleben und viel Freude an den Kindern, beruflicher Erfolg und keine unüberwindlichen materiellen Schwierigkeiten, vor allem aber Gesundheit – welch bessere Bilanz könnte man für sich und die Seinen beim Aufbruch in das fünfte Lebensjahrzehnt wohl ziehen? Aber auch wir, Deine Eltern, haben an diesem Tage genügend Anlaß zur Zufriedenheit und Dankbarkeit. Wir wissen unsere Kinder und ihre

Familien wohlversorgt und glücklich. Wir haben uns von den Strapazen des langen Berufslebens schon wieder ein wenig erholt und lernen das Leben auch unter dieser neuen Perspektive genießen. Auch diese Bilanz könnte kaum besser sein. Also viele gute Gründe, um den heutigen Tag besonders festlich zu begehen. Lieber Siegfried, wir wünschen Dir und den Deinen eine gute und zufriedene Zukunft. Wir wünschen Dir und uns allen, daß wir alle das nächste Jubiläum genauso glücklich, harmonisch und gesund zusammen werden feiern können wie Deinen heutigen Ehrentag. Laßt uns alle unser Glas erheben und darauf trinken, daß alle diese guten Wünsche auch in Erfüllung gehen.

Eine Tochter spricht zum vierzigsten Geburtstag der Mutter

Liebe Mami,
lieber Vati,
verehrte Gäste,
wir wollen Dir, liebe Mami, zu Deinem vierzigsten Geburtstag ganz herzlich alles Liebe und Gute wünschen. Wir schenken Dir zu Deinem heutigen Ehrentag diesen großen Strauß gelber Rosen, denn es sind Deine Lieblingsblumen. Vierzig Rosen. Jede von ihnen für ein Lebensjahr und die Erinnerung an das schönste Erlebnis, das aus diesem Jahr im Gedächtnis geblieben ist. Bei den ersten zwanzig Jahren weiß ich nicht, welche Geschichte sich damit

verbindet, wohl aber bei den zwanzig nächsten. Denn in diesen zweiten zwanzig Jahren spielen wir selbst schon eine Rolle: Vati, Eva und ich. Und für diese Zeit sollen die Rosen nicht nur an ein schönes oder auch außerordentliches Ereignis erinnern. Nein, jede von ihnen dankt symbolisch für die dreihundertfünfundsechzig Tage Liebe, Wärme und Aufopferung für uns drei. So ist dieser Rosenstrauß halt nicht nur ein Strauß von Blumen, sondern ein Strauß von Erinnerungen, von Liebe, Dank und Zusammenhalt über viele schöne, gemeinsam erlebte Jahre hinweg. Und wenn der Strauß verwelkt, was dann? Keine Angst, wir haben schon vorgesorgt. Du hast Dir ja schon lange einen eigenen Fotoapparat gewünscht. Hier ist er, und obwohl er nur dazu da sein soll, Erlebnisse und Geschehnisse aus Deinem Blickwinkel festzuhalten, haben wir das erste Bild bereits verknipst – wir sind drauf mitsamt dem Rosenstrauß. Es ist ein Bild von der gemeinsamen Erinnerung, von der Gegenwart und, wie wir uns alle wünschen, von einer gemeinsamen glücklichen Zukunft. Wir gratulieren Dir von ganzem Herzen zu Deinem vierzigsten Geburtstag, liebe Mami, und alle, die Dich liebhaben, trinken mit uns zusammen nun auf Dein Wohl und darauf, daß wir noch viele schöne und glückliche Jahre verleben. Prosit!

Gruß- und Dankrede des Jubilars zum vierzigsten Geburtstag

Liebe Freunde und verehrte Gäste,
die häufigste Frage, die ich heute gehört habe, lautete: Na, wie fühlt man sich denn so mit vierzig? Das macht schon wirklich stutzig, denn dahinter steckt doch offenbar die Unterstellung, daß es mit diesem Tag eine ganz besondere Bewandtnis hat oder haben muß. Und so grübele ich seit heute morgen über die Frage nach, wie man sich fühlt, ja vielleicht sogar fühlen muß, ohne ausgerechnet an einem solche Tag als Jubilar aus der Rolle zu fallen.

Wie also fühle ich mich oder muß ich mich fühlen, um die Erwartungen meiner Gäste nicht zu enttäuschen? Mit »gut« enttäusche ich wahrscheinlich die einen, die mit leichter Schadenfreude den Jubilar im Seniorenclub begrüßen: Na, Alterchen, auch nicht mehr der Jüngste ... Mit »schlecht« enttäusche ich wahrscheinlich die anderen, die mit einem herzlich gemeinten: »Mein Gott, es ist ja nicht so schlimm; als wir in Deinem Alter ...« ein wenig aufmuntern und trösten wollen. Und so entscheide ich mich für ein fröhliches Sowohl-als-auch im neuen gewöhnungsbedürftigen Zustand: zu jung für die Alten, zu alt für die Jungen. Ich danke Euch allen, daß Ihr mit mir den Aufbruch in das neue Lebensjahrzehnt feiern wollt.

Danke auch für die vielen guten Wünsche und die einfallsreichen Geschenke. Ich freue mich auf ein paar schöne und vergnügte Stunden mit Euch, vor allem auch mit denen, die die lange Anreise doch wenigstens am runden Geburtstag des Jubilars auf sich genommen haben.

Seid alle bei uns willkommen! Und mit einem herzlichen Dank an alle, die sich mit soviel Liebe und Arbeit an der Vorbereitung dieses Festes beteiligt haben, vor allem natürlich an Dich, liebe Elke, hebe ich mein Glas auf Euer Wohl. In wünsche mir und uns allen an diesem Tag ein schönes Fest mit netten Gesprächen, gesegnetem Appetit und darüber hinaus noch viele gute Jahre miteinander. Noch einmal: Herzlich willkommen – auf Euer aller Wohl!

Ein Kind spricht zum fünfzigsten Geburtstag des Vaters

Lieber Paps,
liebe Gäste,
die ganze Familie gratuliert Dir herzlich zum Fünfzigsten. Wir wünschen Dir Glück und Gesundheit und weiterhin viel Elan und Gelassenheit. Möge Dir die Fähigkeit erhalten bleiben, Dich selbst und alle anderen nicht allzu wichtig zu nehmen. Vor allem aber wünschen wir Dir, daß Streß und Ärger im Büro endlich weniger werden und Dir mehr Zeit und Ruhe bleibt, Dich um die Familie, die Freunde und Deine Hobbies kümmern zu können. Und schließlich wünschen wir Dir, daß von all Deinen Wünschen an das nächste Lebensjahrzehnt, den großen und den kleinen, möglichst viele in Erfüllung gehen. Aber da braucht man bei Widder-Geborenen ja ohnehin keine allzu großen Sorgen zu haben. Denn den Widdern sagt man nach, daß sie ihr Schicksal am liebsten selbst in die Hand nehmen, gemäß dem Motto: »Wer wagt, gewinnt«. Und so steht dem Ehrgeiz und dem Erfolg eines Widders meist nur er selbst im Wege, wenn er nämlich zuviel wagt oder sich zuviel auflädt. Was also wünscht man einem Widder zum fünfzigsten Geburtstag? Hohes Risiko und damit ebenso hohe Gewinnchancen? Oder wünscht man Einsicht und Durchhaltevermögen, um mit weniger Risiko einen dafür um so andauernderen Erfolg zu erreichen, auch wenn es so etwas länger dauert? Ich weiß, ich weiß – Ge-

duld ist eines Widders stärkste Seite nicht, und deshalb wünsche ich Dir die Energie, die Durchhaltekraft und vor allem die Gelassenheit, die Du brauchst, um die gesteckten Ziele zu erreichen. Und ich wünsche Dir das Glück, das man braucht, um große Chancen möglichst ohne hohes Risiko umsetzen zu können. Drittens die Kunst und die Zeit, immer richtig abwägen zu können, wann man sich selbst und anderen zuviel auflädt und dadurch sich oder andere überfordert. Und schließlich: weiterhin soviel Impulsivität und Aktivität wie bisher, dann wird es uns allen ganz gewiß nie langweilig miteinander werden. Deine Frau, Deine Kinder und Deine guten Freunde sind heute hier zusammengekommen, um mit Dir gemeinsam die ersten Schritte ins neue Jahrzehnt zu gehen. Wir wünschen Dir von Herzen, daß die nächsten Jahre ähnlich glücklich, erlebnisreich und erfolgversprechend werden wie die hinter uns liegenden. Kurzum, wir alle wünschen Dir auch weiterhin eine schöne Widder-Zeit und die Kraft, sie aktiv mitzugestalten und mitzuleben. Prosit!

Ein Freund spricht zum fünfzigsten Geburtstag

Mein lieber, guter Frank,
willkommen bei den Fünfzigern und herzlichen Glückwunsch zu Deinem Geburtstag. Es ist ein bedeutungsvoller Tag, dieser fünfzigste Geburtstag. Irgendwie steht man mittendrin, man könnte auch sagen, dazwischen. Für die

Jungen schon zu alt, für die Alten noch viel zu jung. Irgendwo zwischen dem Gestern, dem Heute und dem Morgen. Kein leichter Standort, aber ein interessanter. Goethe umschreibt es in seinen »Zahmen Xenien« so:

»Das Schlimmste, was uns widerfährt,
Das werden wir vom Tag gelehrt.
Wer in dem Gestern Heute sah,
Dem geht das Heut' nicht allzu nah,
Und wer im Heute sieht das Morgen,
Der wird sich rühren, wird sich sorgen.«

Auf eine kurze Formel gebracht – mein alter Deutschlehrer möge mir verzeihen – heißt das wohl: Sich nicht in der Vergangenheit vergraben, sich vor der Zukunft nicht fürchten, bewußt in der Gegenwart mit ihren Problemen leben, dies ist das beste Rezept, um mit den immer vorhandenen Unzulänglichkeiten und Schwierigkeiten des Lebens fertigzuwerden. Ich glaube, daß man erst mit fünfzig alt genug und dennoch jung genug ist, um mit diesem Rezept auch richtig umgehen zu können. Nun gebe ich ja zu, daß Goethes Reim nicht unbedingt dem Gedächtnis so schmeichelt, daß er länger darin haften bleibt. Und ich weiß, daß Du den ollen Goethe auf den Tod nicht ausstehen kannst. Was lag also näher, als Dir ganz speziell zu Deinem fünfzigsten Geburtstag ein Neubearbeitung der alten Goethe-Weisheit zu widmen, vielleicht kannst Du sie eines Tages bei einer Deiner vielen Veröffentlichungen einmal verwerten:

Mein lieber Frank, mit fünfzig Jahren
kann Dir gewiß nicht widerfahren,
Was Goethe einst in Verse zwängte:
Daß nämlich eine eingeengte
Betrachtensweise unserer Tage
Erbrachte einen Grund zur Klage.
Das heißt, das Schlimmste, Gott sei Dank,
bleibt Dir erspart, mein lieber Frank.
Daß es so bleibt bis ganz zuletzt
Das wünscht Dir Goethe – übersetzt.

Ein Sohn spricht zum sechzigsten Geburtstag des Vaters

Mein lieber Papa,
heute haben sich alle Dir zu Ehren versammelt. Um Dir von ganzem Herzen Glück und Segen zu wünschen zu Deinem sechzigsten Geburtstag. Um Dir und uns zu wünschen, daß wir in Frieden und Gesundheit noch viele Jahre zusammen werden erleben dürfen. Alle diese guten Wünsche legen Dir Deine Frau, Deine drei Kinder, Deine sieben Enkelinnen und Enkel und die vielen Freunde, Nachbarn und Bekannten heute auf den Geburtstagstisch, neben alle diese schönen Geschenke, die Dir zeigen sollen, mit wieviel Liebe, Zuneigung und Dankbarkeit Dein heutiger Ehrentag gefeiert werden soll.

Der sechzigste Geburtstag ist in vielerlei Hinsicht ein bedeutungsvolles Datum. Zuallererst natürlich für das Geburtstagskind selbst. Man nähert sich mit Riesenschritten dem Tag, an dem man endlich Abschied nehmen kann von den Mühen und Anstrengungen des Erwerbslebens; wo man sich ein wenig stolz und zufrieden zurücklehnen kann und auf das Geschaffene schaut. Wo man gerne in einer ruhigen, besinnlichen Stunde Bilanz zieht für sich und alle die, für die man weiterhin Verantwortung zu tragen hat.

Zu Deinem sechzigsten Geburtstag wollen wir diese Bilanz für Dich ziehen. Wir möchten Dir sagen, daß Du allen Grund hast, zufrieden zurückzuschauen. Und wir möchten Dir sagen, daß Du keinen Grund hast, skeptisch nach vorne zu blicken. Dein Haus ist gut bestellt. Das sieht man ja schon daran, daß es heute förmlich überquillt von der Schar der Gratulanten, die gekommen sind, um mit Dir diesen schönen Jubiläumstag gebührend zu feiern. Und daß sie alle gerne gekommen sind, könnte man, wenn man es ohnehin nicht wüßte, ganz einfach an den frohen Gesichtern sehen und an den munteren Worten hören. In dieser fröhlichen, herzlichen Atmosphäre haben lange Reden keinen Platz. Deshalb möchte ich mit einem Toast schließen:

Unser geliebter Papa und Opi,
unser treuer Freund und verläßlicher Nachbar,
unser guter Schorsch,
er lebe hoch, hoch, hoch.
Auf Deinen sechzigsten Geburtstag
und noch viele gute Jahre – Prosit!

Ein Bruder spricht zum sechzigsten Geburtstag

Mein lieber, guter Arnulf,
liebe Freunde, verehrte Gäste,
die Pflichten unter den Geschwistern sind stets ungleich verteilt. Härter trifft es immer die älteren. Zuerst versuchen die Eltern, an ihnen ihre Erziehungsvorstellungen durchzusetzen. Alles, was da nicht klappt, was sich nach mehreren Anläufen als falsch und überflüssig erwiesen hat, bleibt den jüngeren erspart. Darüber hinaus aber haben die älteren Geschwister immer die Verantwortung für die Jüngeren. Ich hör's noch wie heute:

»Kannst Du denn nicht wenigstens darauf aufpassen, daß Arnulf nicht immer in den Matsch fällt?« Ältere Geschwister haben's schwer, von ganz jung bis zum reifen Alter. Die Jüngeren hängen ihnen wie ein Klotz am Bein: »Paß mal auf den Kleinen auf!« »Warum nimmst Du den Kleinen nicht mit zum Spielen?« »Wenn Du mit Anne schon ins Kino gehst, kannst Du den Kleinen doch auch mitnehmen. Er stört doch nicht, oder?« Dieses »oder« war das vertrackteste Wort für den älteren Bruder. Natürlich hat »der Kleine« immer gestört, beim Spielen mit den Freunden, bei den Hausaufgaben, beim Rendezvous. Aber als älterer Bruder ist man ja abgerichtet worden, nichts zu sagen, den Matsch wieder abzuwaschen, die Rechenaufgaben nachzusehen, im Kino sich dann doch mit dem Film statt mit der ersten Freundin zu beschäftigen.

Aber irgendwann muß das alles einmal heraus. Und ich meine, daß der sechzigste Geburtstag eigentlich ein Tag ist, wo man alle diese Beschwerden endlich loswerden kann, ohne den jüngeren Geschwistern dabei noch auf die Zehen zu treten, denn nach einer so langen Zeit aufopfernder Zuneigung und Pflege durch Eltern und ältere Geschwister müßten auch die jüngeren Geschwister – vor allem aber die empfindlichen jüngeren Brüder – für die Alltagswahrheiten gerüstet sein.

Wenn unsere Eltern diesen schönen Tag noch hätten mit uns feiern können, dann hätten sie jetzt bestimmt zu mir gesagt: »Mußt Du denn schon wieder so hart mit dem Jungen umspringen?« Aber Du weißt ja, wie's gemeint ist, lieber Arnulf! Genauso wie die gute, lange Zeit, die wir zusammen verleben durften. Wir alle wünschen Dir zu Deinem heutigen sechzigsten Geburtstag alles Liebe und Gute, eine stabile Gesundheit und vor allem daß Dich niemals Dein Humor im Stich läßt, der Dir auch heute geholfen haben dürfte, die Geburtstagsrede Deines Bruders zu ertragen. Lieber Arnulf, Glück und Segen für die nächsten Jahrzehnte.

Ein Freund spricht zum sechzigsten Geburtstag

Liebe Annemarie,
Deine Freunde wollen Dir zum heutigen Geburtstag die herzlichsten Glückwünsche überbringen. Wir freuen uns, daß Deine Ge-

sundheit wieder soweit hergestellt ist, daß wir in vertrauter Runde hier zusammen feiern können. Denn dieses Jahr fing ja nicht so gut an für Dich. Zuerst die Durchblutungsstörungen im rechten Bein und dann die verflixten Gallensteine. Zwei Eingriffe in einem Jahr sind nicht so ohne, und deshalb heißt unser erster und wichtigster Geburtstagswunsch an diesem Tag: Möge das nächste Jahrzehnt dich verschonen von all diesen Beschwerden, von den großen und kleinen! Und daran schließt sich unser zweiter Wunsch an, der Wunsch nämlich, daß der Wettergott uns immer dann gnädig gesonnen sein möge, wenn wir zu unserer jetzt schon traditionellen Samstagswanderung aufbrechen.

Unser dritter Wunsch hängt mit dem Inhalt dieses Kartons zusammen. Er enthält, vielleicht hast Du es ja schon erraten, als gemeinsames Geschenk von uns allen die Trachtenjacke, die Du Dir schon so lange für die Wanderungen gewünscht hast. Wir hoffen natürlich, daß Dir diese Jacke auch wirklich gefällt. Und wir hoffen, daß sie Dir noch viele Jahre gute Dienste leisten wird. Schließlich gibt es noch einen allerletzten Wunsch all Deiner Freunde zu Deinem heutigen Geburtstagsfest: wir wünschen Dir und uns, daß wir noch viele schöne Stunden zusammen in dieser vertrauten Runde verbringen können und alle besonderen Feste gemeinsam feiern. Und daß wir immer ganz bewußt und dankbar diese gemeinsame Zeit nutzen.

Liebe Annemarie, Deine Freunde gratulieren Dir von ganzem Herzen zu Deinem sechzigsten Geburtstag.

Ein Sohn spricht zum siebzigsten Geburtstag des Vaters

Lieber Vater,
liebe Mutti,
verehrte Gäste,
die Wohnung platzt schier aus den Nähten. So viele Gratulanten sind gekommen, um Dir, lieber Vater, von Herzen alles Liebe und Gute zum 70. Geburtstag zu wünschen. Alle sind sie da. Die große Familie ist komplett, wie es sich an solch einem Ehrentag gehört. Die vielen Freunde sind gekommen, ein paar von den alten Kolleginnen und Kollegen, natürlich auch die Nachbarn. Ein großer Kreis, der diesen festlichen Tag mit Dir zusammen feiern möchte. Und mir ist dabei die schöne Aufgabe zugefallen, ein paar Worte über das zu sagen, was uns alle an diesem Tag berührt. Das ist nicht ganz einfach, denn jeder, der Dich kennt, weiß ja, daß Du kein Freund großer – und vor allem nicht vieler Worte bist. Aber man braucht weder große noch viele Worte, um unsere Gedanken am heutigen Tag auszudrücken. Deine ganze Familie möchte Dir heute besonderen Dank sagen. Dank für Deine Liebe und Zuneigung, Dank für die vielen Mühen, die Du während eines langen Berufslebens für Deine Familie auf Dich genommen hast, Dank für Dein offenes Ohr für alle die

vielen kleinen und großen Probleme, Wünsche und Hoffnungen Deiner Frau, Deiner Kinder und Deiner Enkel. Dank vor allem aber dafür, daß Du anderen immer mehr gegeben als Du von ihnen jemals für Dich selbst gefordert hast. Neben dem herzlichen Dank zollen wir aber auch tiefen Respekt vor dem – besonders uns Jüngeren stets vorgelebten – überzeugenden Beispiel, das Du uns immer gegeben hast. Ich will nicht verschweigen, daß uns Dein gutes Beispiel häufig genug Grund zum Staunen gegeben hat. Mit Deiner Gelassenheit und Deinem herzlichen Humor hast Du auch in den schwierigsten Situationen Deiner mehr oder minder geknickten Umwelt immer wieder Mut und Zuversicht gegeben. Was ich gesagt habe, gilt nicht nur für die große Familie. Ich weiß, daß Deine alten Kollegen, die Freunde und Nachbarn ähnlich denken. Denn nicht ohne Grund haben Dich Deine Kollegen über viele Jahre zur Vertretung ihrer Interessen in den Personalrat gewählt und die vielen Freunde und Nachbarn immer »ihren« Hans eingeschaltet, wenn Rat und Tat, manchmal aber auch nur ein wohltuendes Gespräch gefragt waren. Du hast uns allen vieles mitgegeben, und manchmal überlege ich mir, ob wir dies nicht oft als allzu selbstverständlich angenommen haben. Oder ob wir nicht bereits viel früher und viel energischer gegen Deine Ablehnung vieler und großer Worte, mit der Du ja meistens ein »Dankeschön« abgetan hast, hätten angehen sollen oder müssen. Aber wahrscheinlich hast

Du ja auch so gemerkt, wie wir es, auch ohne viel zu sagen, gemeint hatten.

Aber heute nützt Dir das alles nichts. An diesem besonderen Festtag gilt: »Wes das Herz voll ist . . .«

Und das Herz aller, die Dir heute zu deinem siebzigsten Geburtstag gratulieren, ist voll von Liebe, Freundschaft und guten Wünschen, und so darf ihnen der Mund übergehen, und sie dürfen ihre Dankbarkeit ausdrücken. Dies kann und soll kein Ausgleich sein für das, was wir Dir verdanken. Es ist nur der Ausdruck der Hoffnung auf noch viele schöne Jahre in Glück, Gesundheit und Zufriedenheit für Dich, Deine geliebte Frau und uns alle zusammen.

Und darauf sollten wir jetzt einen kräftigen Schluck trinken! Sehr zum Wohl, lieber Vater.

Ein Enkel spricht zum siebzigsten Geburtstag der Großmutter

Liebe Oma,
wir wünschen Dir von ganzem Herzen Glück zu Deinem siebzigsten Geburtstag. Wir, das sind Deine vier Enkel und Deine drei Kinder. Ausnahmsweise geht es heute einmal anders herum, die »Kleinen« dürfen sprechen, die »Großen« müssen zuhören. Aber nun weiß ich vor lauter Aufregung gar nicht, wie ich anfangen soll. Wenn es also jetzt ein wenig durcheinander geht, so ist das ja hoffentlich nicht so schlimm, ich probier's einfach mal.

Zunächst möchte ich sagen, daß wir alle stolz auf unsere junggebliebene Oma sind. Keiner, der es nicht besser weiß, würde uns glauben, daß wir heute schon Deinen siebzigsten feiern. Das Geheimnis liegt wahrscheinlich darin, daß Du immer mitmachst, selbst im dicksten Familiengetümmel. Und Dein Interesse für die Jungen läßt ja auch dann nicht nach, wenn sich deren Hobby lautstark und stereophon äußert. Ich will damit sagen, daß unsere Oma eben bei den neuesten Hits und Charts nicht ausflippt und einfach abdreht, sondern im Gegenteil interessiert ist und mitmacht. Es war, wenn ich mich recht erinnere, bei der Feier Deines Fünfundsechzigsten, daß Du noch einen zünftigen Rock'n'Roll hingelegt hast. Und das können wir ja heute wieder ein bißchen üben, wenn der offizielle Teil der Feier vorbei ist.

Jetzt bin ich doch total vom Thema abgekommen. Also zurück! Wir, Deine Enkel und Deine Kinder, haben uns natürlich lange Gedanken gemacht, was wir Dir zu Deinem heutigen Ehrentag schenken könnten. Und plötzlich hatten wir beim Blättern in alten Fotoalben die zündende Idee. Wir haben lange gesucht, kopiert, ausgeschnitten und geklebt. Und soweit sich das überhaupt zurückverfolgen ließ, haben wir auch geforscht. Das Ergebnis ist dieser Stammbaum in Bildern, der – wie wir alle finden – ganz toll geworden ist. Bis zurück zu Deinen Großeltern – meinen Ur-Ur-Großeltern – sind wir fündig geworden. Freilich ist die Qualität dieser Bilder nicht die beste, aber sehen sie in ihrer Sonntagstracht nicht trotzdem wunderschön aus? Bei Deinen Eltern und Geschwistern und deren Kindern wird die Bildqualität schon viel besser. Aber das tollste ist natürlich Dein Bild. Genauso frisch und lebendig, wie Du heute Deinen vielen Gratulanten gegenübersitzt. Und genau das ist es, was wir Dir noch viele Jahre wünschen: bleibe so gesund, munter und fröhlich wie Du bist. Liebe Oma, alles Liebe und Gute zu Deinem Geburtstag.

Ein Enkel gratuliert seiner Großmutter zum fünfundsiebzigsten Geburtstag

Liebe Omi,
Ihr Lieben,
heute wird unsere Omi fünfundsiebzig Jahre alt. Die gesamte Familie – einschließlich aller sieben Enkelinnen und Enkel –, die große Verwandtschaft, alle Freunde und die Nachbarn gratulieren von Herzen zu diesem tollen Jubiläum. Auch ein Vertreter der Gemeindeverwaltung ist gekommen, um dem langjährigen verdienten Ratsmitglied Glückwünsche zu überbringen. Wir haben uns darauf geeinigt, daß nur eine Rede gehalten wird, und so ist mir – als dem ältesten Enkel – die ehrenvolle Aufgabe zugefallen, möglichst kurz möglichst alles zu sagen, was man an einem so großen Feiertag sagen möchte. Ich will gar nicht erst versuchen, alle bemerkenswerten Stationen und Ereignisse in Omis Leben nachzuzeichnen. Denn alle, die Omi kennen, wissen,

daß man ein Dreivierteljahrhundert eines bewegten, engagierten Lebens nicht in einer kurzen Ansprache zusammenfassen kann: Zuviel Berichtenswertes, zuviel Wichtiges bliebe unerwähnt. Und so möchte ich es dann beispielhaft an zwei Ereignissen darzustellen versuchen, die uns Jüngere an diesem bemerkenswerten Leben besonders beeindrucken. Da ist zunächst der jahrelange ehrenamtliche Einsatz in der Gemeindevertretung. Omi gehört zu den ganz wenigen Frauen in unserer Gemeinde, die sich kurz nach Kriegsende in der Kommunalpolitik engagierten und trotz der Doppelbelastung durch Familie und Beruf den Rest der verbliebenen Zeit geopfert haben, um mit ihrem Können, Wissen und Einsatz einen Beitrag zum Aufbau und zur Stabilisierung der noch jungen Demokratie zu leisten. Ich habe mir sagen lassen, daß Omis streitbare Beiträge im Gemeinderat nicht immer den Beifall der männlichen Mehrheit fanden. Manche haben aber auch gemeint, eigentlich sei Omi der einzige »Mann« im ganzen Gemeinderat. Wie dem auch sei – das große Ansehen und der Respekt, den unsere Omi sich in diesem Einsatz erwarb, führten vor fünf Jahren dazu, daß der Gemeinderat – quer durch alle Gruppen und Fraktionen – ihr den Ehrentitel einer Gemeindeältesten verlieh. Für ihre Kinder und für uns Enkel ist Omis Engagement für ihre Mitbürger ehrenvolle Verpflichtung und Ansporn zugleich gewesen.

Das zweite, liebe Omi, womit Du uns alle überzeugt hast, ist Deine Fähigkeit, auf Menschen zuzugehen und ihnen zuzuhören. Ich weiß aus eigenem Erleben, daß manches Problem schon gelöst war, nachdem wir es Dir erzählt hatten und Du uns – manchmal fast unmerklich – auf die Lösung zugeführt hattest. So bist Du bis heute für alle, die Dir nahestehen, ein gesuchter, ja geliebter Gesprächspartner, dessen Gefühl, Erfahrung und Rat willkommener Bestandteil der eigenen Entscheidungsfindung geworden und geblieben sind.

Liebe Omi, Du kannst heute auf fünfundsiebzig Jahre eines erlebnisreichen und erfüllten Lebens zurückblicken. Wir gratulieren Dir von ganzem Herzen und hoffen, daß wir noch eine lange, gute Zeit zusammen verbringen dürfen. Die Dir heute Glück und Segen wünschen – ob jung oder alt –, sind stolz darauf, zu Deiner Familie und zu Deinen Freunden zu zählen.

Einen schöneren Glückwunsch, denke ich, dürfte es kaum geben. Laßt uns alle unser Glas erheben auf das Wohl unserer lieben Omi Lene! Prosit!

Ein Nachbar spricht zum siebzigsten Geburtstag

Mein lieber Willi,
liebe Freunde, Nachbarn und Gäste,
wir gratulieren unserem guten Freund und Nachbarn Willi Schlumpf zum siebzigsten Geburtstag auf das allerherzlichste. Alle sind wir hier zu Deinem Ehrentag versammelt und

wollen ihn mit Dir auch gebührend feiern. Siebzig Jahre, das ist ein stolzes Alter. Wie heißt es im 90. Psalm:

»Unser Leben währet siebzig Jahre,
und wenn's hoch kommt,
so sind's achtzig Jahre,
und wenn's köstlich gewesen ist,
so ist es Mühe und Arbeit gewesen,
denn es fähret schnell dahin,
als flögen wir davon ...«

An Müh' und Arbeit hat es in Deinem Leben wirklich nicht gemangelt, und so muß es wohl köstlich gewesen sein. Köstlich, weil Du Dich so viele lange Jahrzehnte mit großem Einsatz immer um die Sorgen und Nöte Deiner Familie, Deiner Freunde und Nachbarn gekümmert hast. Und sie konnten es auch über eine solch lange Zeit durch Dank und Zuneigung wieder ein wenig zurückerstatten. Köstlich, weil es Dir geglückt ist, in einem ruhigen und friedlichen Lebensabend ein wenig die Früchte eines langen und harten Berufslebens zu genießen. Aber auch schnell fährt es dahin. Zumindest immer dann, wenn man nicht im Alltagstrott versinkt und die Augen zukneift vor allem Neuen und Unbekannten. Uns Älteren, die wir aus der ruhigeren Distanz eines langen Lebens zurückschauen können, fällt es sicher leichter als den Jüngeren, den tiefen Sinn dieses Psalmwortes zu begreifen. Denn es ist kein Widerspruch, daß ein mühevolles und arbeitsreiches Leben auch köstlich und kurzweilig sein kann; lebt man es doch bewußter und trotz aller Anstrengungen und Probleme auch glücklicher. Jede überwundene Schwierigkeit, jedes weggeräumte Hindernis stellt einen Erfolg dar, der einen über die vielen kleinen und großen Niederlagen hinwegtröstet und der Mut macht für neue Auseinandersetzungen. Immer ging es auf und ab, aber es war auch nie langweilig. Es war schon eine stürmische Zeit, der Krieg, die Zeit des Wiederaufbaus, die Zeit des wachsenden Wohlstands, und dann die unruhigen Jahre, in denen sich eine nachwachsende Generation gegen die tatsächliche oder auch vermeintliche Selbstzufriedenheit und Kritiklosigkeit ihrer Eltern und Großeltern erhob. Nein, einfach hatten wir es alle nicht, und langweilig ist es uns auch nie geworden, bis zum heutigen Tage nicht. Wir hatten eine gute Zeit oder, wie der Psalm sagt, eine köstliche. Und an sie wollen wir uns heute dankbar erinnern, lieber Willi, wenn wir alle noch so gesund und fröhlich zusammen Deinen siebzigsten Geburtstag feiern.

Aber über alle die Erinnerungen wollen wir doch die Zukunft nicht vergessen. Und für die, lieber Willi, wünschen Dir alle Freunde und Nachbarn auch weiterhin eine eiserne Gesundheit und daß Dir Dein unverwüstlicher Humor und Dein Elan erhalten bleibe, mit dem Du Deine Umgebung immer wieder auf Trab zu bringen verstehst. Dies alles hat Dich jung gehalten, siebzig Jahre jung.

Wir erheben unser Glas und trinken ganz besonders auf Dein Wohl: Prosit, lieber Willi, prosit, liebe Freunde – auf die vielen guten Jahre, die noch kommen werden!

Gratulation zum achtzigsten Geburtstag durch einen Nachbarn

Sehr verehrter, lieber Herr Hintermeyer,
Sie feiern heute Ihren achtzigsten Geburtstag im Kreise Ihrer Familie, Freunde und Nachbarn. Dieses Jubiläum ist schon selten genug. Noch bemerkenswerter ist die Art und Weise, wie Sie diesen Ehrentag begehen. Wer Sie nicht kennt, wird nie und nimmer glauben, daß Sie das achte Lebensjahrzehnt vollendet haben und mit beneidenswerter Frische und Aktivität das neunte in Angriff nehmen. Ich weiß, daß viele Menschen Angst vor dem Älterwerden haben – Angst davor, zum alten Eisen zu gehören, Kontakte zu verlieren, isoliert zu sein. Daß das alles nicht zwingend sein muß, daß Älterwerden keine Last sein muß, sondern im Gegenteil Zufriedenheit, Freude und Zuversicht bis ins hohe Alter bedeuten kann, wenn man mit sich und seiner Umwelt im reinen lebt, dafür sind Sie, lieber Herr Hintermeyer, uns immer das beste Vorbild gewesen. Sie haben sich nicht abgekapselt, haben Ihre Umgebung auch außerhalb der engeren Familie in Ihr Leben einbezogen. Und wahrscheinlich ist dieses über die vielen langen Jahre bewährte Miteinander und Füreinander das Geheimnis, wie man eine Gemein-

schaft von Familie, Freunden und Nachbarn quer durch alle Altersstufen zusammenhalten kann. Wir feiern Sie, lieber Herr Hintermeyer, heute als den unbestrittenen Mittelpunkt dieser Gemeinschaft, und wir möchten Ihnen Dank sagen für viele schöne Jahre guter, verläßlicher Partnerschaft und Freundschaft. An solchen Ehrentagen wird gern und viel geredet, vor allem von früher. Eine alte Volksweisheit meint, wenn man anfange, von den guten alten Zeiten zu reden, wie schön und vor allem wie viel besser alles damals war, dann werde man unweigerlich alt. Da ist bestimmt etwas Wahres dran. Nur wer sich in der Gegenwart nicht wohlfühlt und Angst hat vor der Zukunft, zieht sich in die Vergangenheit zurück. Und dazu besteht ja weiß Gott sowohl für Sie als auch für uns an Ihrem heutigen Ehrentag kein Anlaß. Wir alle feiern heute mit Ihnen ein stolzes Jubiläum. Zusammen mit Ihnen schauen wir mit Optimismus in die Zukunft. Möge sie Ihnen, lieber Herr Hintermeyer, und uns ein wenig Glück bereithalten, Gesundheit und Zufriedenheit! Möge es uns allen gelingen, unsere Gemeinschaft zu pflegen und die Kontakte lebendig zu erhalten!

Mit diesem Toast wollen wir unser Glas erheben. Unserem Jubilar, unserem verehrten Herrn Hintermeyer, von ganzem Herzen ein dreifaches kräftiges Hoch, Hoch, Hoch! Prosit!

Reden zu offiziellen Geburtstagen

Mitarbeiter gratulieren der Chefin

Sehr geehrte Frau Direktorin Dr. Müller,
im Namen der gesamten Belegschaft darf ich Ihnen heute die besten Wünsche zu Ihrem Geburtstag übermitteln und als kleine Aufmerksamkeit dieses Bukett überreichen. Es soll Sie wenigstens für einige Augenblicke daran erinnern, daß heute kein üblicher Arbeitstag ist, sondern einer, an dem die täglichen Termine und Pflichten einmal gegenüber Angenehmerem zurückstehen sollen. Da wir wissen, daß Sie diesen Tag am liebsten im kleinen, privaten Kreise verbringen, möchten wir Sie auch nicht sehr lange davon abhalten. Nehmen Sie daher bitte diesen Blumengruß von uns allen entgegen, verbunden mit den besten Wünschen für Sie zum heutigen Geburtstagsfest. Wir wünschen Ihnen für das neue Lebensjahr Glück, Gesundheit und Erfolg. Wir wünschen Ihnen auch weniger Hektik als im abgelaufenen Jahr und dafür mehr Zeit zur Muße und Regeneration. Und schließlich wünschen wir Ihnen einen vergnügten Tag im Kreise ihrer Familie und Freunde. Noch einmal: herzlichen Glückwunsch von uns allen!

Sehr verehrter, lieber Herr Hansen,
alle Kolleginnen und Kollegen gratulieren Ihnen herzlich zu Ihrem heutigen Geburtstag. Zwar wollen alle Ihnen selbst die Hand schütteln, das versteht sich ja von selbst. Reden aber soll am besten nur einer, haben wir uns gedacht. Sonst bliebe ja keine Zeit mehr für die angenehmen Seiten eines solchen Geburtstages: ich meine natürlich den traditionellen Umtrunk. Aber für ein paar Worte soll die Zeit schon reichen.

Sie, lieber Herr Hansen, feiern heute ihren 48. Geburtstag. Das ist ein gutes Alter, manche sagen, das sei die produktivste Zeit in einem Berufsleben. Wahrscheinlich deshalb, weil man noch jung genug ist, um innovativ und kreativ zu sein und schon alt genug, um sich dabei nicht durch Alltagsroutine behindern zu lassen. Wahrscheinlich hat man auch inzwischen gelernt, sich seine Zeit besser einzuteilen und damit auch seine Kräfte. Gerade in unserer Branche ist das ja lebenswichtig, wenn uns nichts mehr einfällt, sind wir raus aus dem Geschäft. Und deshalb kommt es bei uns besonders auf erfolgreiches Teamwork an, was voraussetzt, daß keine Zeit vertan wird mit überflüssigen Regularien und brotlosem Bürokratismus. Sie haben es in den Jahren unserer Zusammenarbeit verstanden, das Team zu motivieren und zu inspirieren. Daß darüber hinaus auch die menschlichen Kontakte nicht zu kurz gekommen sind, beweist –

glaube ich – am besten wohl die Tatsache, daß bei uns Geburtstage nicht als betriebliche Pflichtübung absolviert, sondern gemeinsam gefeiert werden. Heute nun sind Sie an der Reihe. Ihr Team gratuliert Ihnen herzlich zum 48. Geburtstag. Wir wünschen Ihnen und uns weiterhin eine erfolgreiche Zusammenarbeit, immer gute Einfälle und zündende Ideen für ein sattes Auftragspolster und – last but not least – dieses gute Klima, ohne das alles andere wahrscheinlich gar nicht mehr so gut gedeiht. Als Geburtstagsgeschenk überreichen wir Ihnen diesen alten Stich einer Segelpartie auf der Alster. Er soll einen guten Platz in Ihrem Büro erhalten, damit Sie über aller Arbeit doch wenigstens hin und wieder an Ihr Hobby und die Freizeit erinnert werden.

Herzlichen Glückwunsch von uns allen!

Der Chef gratuliert einer Mitarbeiterin

Liebe Frau Schott,
zu Ihrem heutigen Geburtstag darf ich Ihnen zugleich im Namen aller Kolleginnen und Kollegen meine herzlichen Glückwünsche aussprechen und Ihnen diesen Strauß überreichen. Das ist in dieser Abteilung ein schöner, alter Brauch.

Sie sind gewissermaßen unser Nesthäkchen, weil Sie erst seit vier Monaten hier tätig und damit noch in der Probezeit sind. Nun ist eine Probezeit ja durchaus eine beiderseitige Angelegenheit. Nicht nur wir versuchen zu erfahren, ob Sie unseren Vorstellungen gerecht werden. Auch Sie sollen natürlich prüfen, ob wir Ihren Erwartungen entsprechen. Das gilt selbstverständlich nicht nur für den betrieblichen Alltag, sondern auch für das gemeinsame Feiern. Und dazu gehört bei uns immer der Geburtstag. An diesem Tag wollen alle Kolleginnen und Kollegen Glück, Erfolg und Gesundheit wünschen für das neue Lebensjahr, und sie wollen sich bedanken für die harmonische Zusammenarbeit in der Vergangenheit. Verbunden mit diesem Dank ist der Wunsch, daß sich die Zusammenarbeit auch im neuen Jahr ähnlich angenehm und kollegial gestalten möge. Der Nachmittag gehört bei uns traditionsgemäß dem Geburtstagskind, seiner Familie und seinen Freunden. Das heißt, dieser halbe freie Tag ist das Geburtstagsgeschenk des Betriebes an seine Mitarbeiter, und ich hoffe, daß Sie das bei der Bilanz Ihrer Erwartungen aus der Probezeit auf der Habenseite verbuchen werden. Ich darf Ihnen, liebe Frau Schott, von Herzen zum Geburtstag gratulieren, Sie besonders an diesem Tag noch einmal in unserer Gemeinschaft willkommen heißen und Ihnen viel Freude an Ihrem heutigen Geburtstag wünschen.

Der Chef gratuliert einem Mitarbeiter

Lieber Herr Müller,
liebe Mitarbeiterinnen und Mitarbeiter,
Sie alle wissen, daß es guter Brauch ist in der Firma Koch, über all der täglichen Arbeit mit

ihrem Ärger und Streß die wichtigen Gedenk- und Feiertage nicht zu vergessen. Zu den wichtigen Tagen gehören auch die Geburtstage. Und wenn es sogar dann noch ein runder ist, wie der fünfzigste bei unserem Herrn Müller, dann gibt es gleich mehrfach Grund zum Feiern. Lieber Herr Müller, zu Ihrem fünfzigsten Geburtstag, zum vollendeten halben Jahrhundert, wünschen wir alle, die Betriebsleitung und alle Kolleginnen und Kollegen, Ihnen von ganzem Herzen Glück und Segen, vor allem aber Gesundheit für die Zukunft. Nun will ich in meinem heutigen Geburtstagsglückwunsch nicht alles vorwegnehmen, was in zwei Jahren bei Ihrem dann fünfundzwanzigsten Betriebsjubiläum gesagt werden kann und soll. Aber zwei Dinge will ich doch hervorheben: Auch wenn man schon lange zum Inventar gehört, gehört man noch lange nicht auch zum alten Eisen. Und zum Zweiten: Wer bei aller Belastung und Hektik im Betrieb nie die Nerven verliert, immer Rat weiß und mit trockenem Witz und Humor oft auch die brenzligsten Situationen rettet, hilft den Alten und Jungen im Betrieb. Den Alten hilft es, nicht zu vergessen, wie man es eigentlich richtig macht, und den Jungen zeigt es, wie man es gar nicht erst falsch macht. Kurzum, lieber Herr Müller, wir alle wissen, daß wir an Ihnen immer einen verläßlichen Mitstreiter und Partner hatten und wir hoffen, daß wir diesen Partner in der gleichen alten Frische wie bisher noch lange haben werden.

Heute, an Ihrem fünfzigsten Geburtstag, wollen wir Ihnen für die hinter uns liegende, gute gemeinsame Zeit danken und Ihnen gleichzeitig alles Gute wünschen für die noch vor uns liegende. Die Firmenleitung überreicht Ihnen einen Bildband von Ihrem geliebten Taunus. Vielleicht inspiriert Sie die eine oder andere Aufnahme von einem noch unbekannten Winkel zu einem erholsamen Ausflug. Und um die Planung einer solchen Unternehmung ein wenig zu erleichtern, haben wir in diesem Umschlag einen Geldbetrag beigefügt. Beides soll Sie an Ihren fünfzigsten Geburtstag erinnern und an uns alle, die noch einmal herzlich gratulieren.

Ein Kollege gratuliert zum vierzigsten Geburtstag einer Kollegin

Liebe Annegret,
Deine Mitarbeiter aus der Redaktion wünschen Dir zu Deinem vierzigsten Geburtstag Glück, Gesundheit und Erfolg und – wie wir alle hoffen – noch viele gute Jahre harmonischer und produktiver Zusammenarbeit im Team. »Team« soll auch das Stichwort meiner kurzen Gratulationsrede sein. Stimmung und Erfolg im Team hängen davon ab, daß alle über der eigenen Tagesarbeit das gemeinsame Ziel nicht aus den Augen verlieren. Das ist gar nicht so einfach, wie es sich immer anhört. Denn es bedeutet Mitdenken auch über die eigene Kompetenz und Zuständigkeit hinaus.

Es bedeutet Abschied von liebgewordenen Gewohnheiten und Bequemlichkeiten, verfestigten Rollenverteilungen, eingefleischten Denk- und Ablaufschemata. Eine solche Teamarbeit muß erst einmal erlernt und ständig verteidigt werden gegen Gleichgültigkeit, gegen Routine, gegen Egoismen. Jeder im Team muß daran mitwirken, in seinem eigentlichen Arbeitsfeld, aber auch darüber hinaus. Natürlich wissen alle schon längst, auf was ich hinaus will. Unsere Annegret vertritt in unserem Team die Fraueninteressen mit Vehemenz. Längst bevor Parteien und Regierungen Frauenbeauftragte ernannten, Kandidatenlisten frauenfreundlich nachbesserten und Wahlprogramme »entmannten«, hat Annegret das Team in der täglichen Arbeit immer wieder darauf gestoßen, wo nicht nur fachlich, sondern gewissermaßen schon rein umgangssprachlich der Gleichberechtigungsgrundsatz verletzt wurde. Annegret hat es verstanden, Sensibilität dafür zu wecken, daß sich gerade in der Sprache besonders verräterich geschlechterspezifische Rollenfixierungen niederschlagen und damit althergebrachte Auffassungen und Gewohnheiten weiter verfestigt werden. Ich will ja heute gar nicht verhehlen, liebe Annegret, daß wir uns am Anfang alle ein wenig amüsiert haben. Dann gab es einen Zeitpunkt, zu dem uns die ständige Anmahnerei schlicht auf die Nerven ging – vielleicht hat da schon ein wenig das schlechte Gewissen gewirkt. Heute ist es eigentlich für alle im Team selbstverständlich, daß jeder Beitrag daraufhin untersucht wird, ob und – wenn ja – wo sich die alten Klischees wieder einmal eingeschlichen haben: Das fängt beim Kochbuch an und geht über die technischen Ratgeber bis hin zum Redebuch. Dies ist in erster Linie Dein Erfolg, liebe Annegret. In dieser ganz wesentlichen Frage hast Du das Team geformt und dazu beigetragen, zumindest in einem Teilbereich einen alten männlichen Zopf abzuschneiden. Und wenn ich die vielen Jahre nichts dazu gelernt hätte, würde ich jetzt sagen, daß das ganze Team in dieser Frage in »mann«-schaftlicher Geschlossenheit hinter Dir steht und daß wir alle hinter Deiner Auffassung »wie ein Mann« stehen.

Heute gratulieren wir der streitbaren Kollegin zum Geburtstag und hoffen, daß Engagement und Überzeugungskraft Dir – und uns – auch im kommenden Lebensjahr erhalten bleiben. Noch einmal: im Namen der ganzen Redaktion alles Gute und Prosit, auf Dein Wohl!

Eine Betriebsrätin gratuliert einer Kollegin zum sechzigsten Geburtstag

Liebe Hedwig,
liebe Kollegen, liebe Kolleginnen,
im Namen des Betriebsrates und stellvertretend für alle Kollegen und Kolleginnen darf ich unserer lieben Hedwig Wagenbach zum heutigen sechzigsten Geburtstag unsere herzlichsten Glückwünsche aussprechen und diesen Blumenstrauß überreichen. Hedwig

Wagenbach wird heute nicht nur sechzig Jahre alt, sondern wird mit Ablauf dieses Monats auch in den wohlverdienten Ruhestand gehen können. Dazwischen liegen noch ein paar Tage Resturlaub, so daß wir heute in dieser kleinen Feierstunde gleich zwei gute Gründe zum Gratulieren haben: ein runder Geburtstag und gleichzeitig der Abschied von einem langen Arbeitsleben. Hedwig Wagenbach verkörpert ein Arbeitnehmerschicksal, das so wenig spektakulär erscheint und doch so typisch ist für eine ganze Generation in unserem Land – ein Schicksal, das sich nicht eignet als Gegenstand für große öffentliche Auftritte und Feiern. Hedwig Wagenbach gehört zu den Menschen, die sich ein ganzes Leben abmühen mußten, im Rahmen der Möglichkeiten, die andere ihnen ließen, für sich selbst und die, die ihnen nahestehen, zu arbeiten und zu sorgen. Kein leichtes Leben, aber auch kein Grund, mit weniger Stolz und Zufriedenheit auf das Geleistete zurückzuschauen! Hedwig Wagenbach mußte – wie viele andere auch – direkt nach der Schule durch eigene Arbeit ihren Beitrag zum Familieneinkommen leisten. So kam sie als Fünfzehnjährige schon in unseren Betrieb. Damals während der harten und schweren Nachkriegsjahre gab es für die anstrengenden Tag- und Nachtschichten nur wenig Lohn. Mit 21 wurde dann geheiratet; zwei Kinder kamen. Ein paar Jahre ruhte der Beruf, bis die Kinder ein wenig älter waren. Zunächst halbtags, ab 1964 dann ganztags arbeitete Hedwig Wagenbach wieder hier im Betrieb. Wir, die wir alle die vielen Jahre zusammengearbeitet haben, fühlen am heutigen Tage mit unserer Kollegin. Ein wenig Aufatmen, daß es endlich geschafft ist, der täglichen Berufsbelastung zu entgehen. Ein wenig Wehmut vielleicht, daß der vertraute Kollegenkreis etwas weiter wegrückt. Ganz sicher aber auch ein wenig Unruhe und Nervosität, ob es denn nicht vielleicht schwerer wird, sich im neuen Zeit- und Lebensabschnitt zurechtzufinden. Hedwig Wagenbach ist eine von uns und wird es bleiben.

Wir alle wünschen ihr von ganzem Herzen zum heutigen Geburtstag viel Glück und für die folgenden Jahre im Ruhestand Gesundheit, Zufriedenheit und niemals Langeweile. Wir wünschen Dir, liebe Hedwig, noch viele Jahre mit Deiner Familie als eine kleine Entschädigung für ein mühevolles, hartes Berufsleben. Und vor allem – vergiß Deine alten Kollegen nicht!

Eine Firma feiert den fünfundzwanzigsten Geburtstag

Verehrte Ehrengäste,
liebe Mitarbeiterinnen und Mitarbeiter,
meine sehr geehrten Damen und Herren,
es ist ein Gefühl von Freude und Stolz, das mich am heutigen Tage bewegt: Unsere Gesellschaft feiert ihr 25jähriges Bestehen. Ich heiße Sie alle recht herzlich zu diesem Jubiläum willkommen.

Unsere Firma ist ein echtes »Kind der 68er«. In jenem denkwürdigen Jahr gegründet, als in Deutschland junge Leute reihenweise auf die Straßen gingen, um gegen das Establishment zu protestieren und den »Mief von tausend Jahren aus den Talaren« zu blasen, in jenen revolutionären Zeiten also legten wir den Grundstein für dieses Unternehmen.

Es war ein gewagter Schritt. Zwar befand sich die Wirtschaft im Westen Deutschlands noch auf prosperierendem Kurs, doch waren die Märkte schon gut besetzt mit Unternehmen, die sich wie wir auf Herstellung und Vertrieb von Reinigungsmitteln konzentrierten. Wir waren gleichwohl der Überzeugung, bestehen zu können, weil wir sicher davon ausgingen, daß sich Qualität auch in einem dicht besetzten Markt würde durchsetzten können.

Meine sehr geehrten Damen und Herren: Das heutige 25. Jubiläum ist der eindrucksvolle Beweis für die Richtigkeit unserer Annahme. Seit einem viertel Jahrhundert produzieren wir Qualitätserzeugnisse, die marktführend sind im hochpreisigen Marktsegment.

Dieser Erfolg kommt nicht von ungefähr! In Anlehnung an die bewegten 68er Jahre möchte ich Ihnen sagen, daß es ein »revolutionäres« Produkt war und ist, mit dem wir den Markt gewinnen konnten. Hergestellt von qualifizierten Mitarbeiterinnen und Mitarbeitern, vertrieben von erfolgreichen Außendienstmitarbeitern und an den Mann und die Frau gebracht dank fairer Partner im Großhandel wie im Einzelhandel, können wir heute zufrieden feststellen, daß unsere Gesellschaft sicher im Markt verankert ist.

Trotz dieser Erfolge dürfen wir uns keineswegs zufrieden und satt zurücklehnen. Der Markt ist deutlich rauher geworden, insbesondere in Zeiten konjunktureller Schwäche. Auch wir müssen weiter hart arbeiten, um unsere Erfolge zu konsolidieren und neue Kunden zu gewinnen.

Wenn mir in dieser Feierstunde gleichwohl nicht bange ist um die Zukunft der Firma, dann deshalb, weil ich weiß, daß wir in Ihnen allen, die Sie heute zur Jubiläumsfeier gekommen sind, Freunde, Partner und Mitarbeiter haben, auf die wir zählen können.

Ich freue mich daher, sie alle beim 25. Jubiläum unserer Gesellschaft willkommen heißen zu können, sage ihnen Dank für die zurückliegenden Jahre der Gemeinsamkeit und gebe zugleich der Hoffnung Ausdruck, daß wir auch in den vor uns liegenden Jahren weiterhin so erfolgreich und partnerschaftlich zusammenarbeiten werden.

Ich darf Sie nun einladen, in froher Runde unsere Gäste zu sein. Das Büfett ist hiermit eröffnet!

Eine Gemeinde wird fünfhundert Jahre alt

Sehr geehrter Herr Landrat,
liebe Mitbürgerinnen und Mitbürger,
wir feiern heute das 500jährige Bestehen unseres Städtchens. Das heißt, wahrscheinlich reicht unsere Geschichte ja noch viel weiter zurück. Aber trotz aller Vermutungen und mehr oder minder verdeckten Hinweisen gibt es halt keine gesicherten urkundlichen Eintragungen. Deshalb gilt die Eintragung des Weilers Rohrbach in die Schenkungsurkunde des Klosters Fischbach als Geburtsstunde unserer Gemeinde. Vielleicht gelingt es eines Tages dem Chronisten Zufall nachzuweisen, daß wir heute gewissermaßen mit unserem Alter kokettiert, daß wir – wer weiß – vielleicht ein paar Jahrzehnte oder gar Jahrhunderte unseres Alters einfach unterschlagen haben.

Aber bis dahin zählen wir wie gewohnt weiter. Allein 500 Jahre in einem kurzen Vortrag nachzuzeichnen, ist ganz und gar unmöglich. Wer Interesse hat, darüber nachzulesen, kann es in unserer Festchronik tun, die unser Lehrer, Herr Wulf Schmidt, in dankenswerter Weise zusammengetragen hat. Es ist ganz gewiß eine lohnende und überdies spannende Lektüre.

Gewiß geht es uns heute sehr viel besser als den Menschen der vergangenen Jahrhunderte. Sind wir aber deshalb glücklicher, zufriedener, freier, unabhängiger? Gibt es heute für den einzelnen weniger Probleme und Belastungen als früher oder sind es nur andere Probleme, die aber nicht weniger gespürt oder geringer empfunden werden. Die Angst vor innerer und äußerer Bedrohung und Gefahr ist geblieben, die Sorge zum Beispiel um den Arbeitsplatz, um das Schicksal geliebter und vertrauter Menschen. Heute sind es nicht mehr die fremden Heere vor der Stadt oder die ausbeuterischen kleinen und großen Herrscher und Fürsten, die Seuchen und Naturkatastrophen, die den Menschen ängstigen. Dafür geht es heute um eine saubere Umwelt, genießbares Wasser, Lebensmittel und eine Luft, die sich noch atmen läßt. Es geht um sterbende Flüsse, Seen, Wälder, um Tiere und Pflanzen, die keinen natürlichen Lebensraum mehr finden. Unsere Vorfahren konnten viele der drohenden Gefahren noch sehen, hören, riechen und fühlen. Die uns heute bedrohenden Gefahren sind oft unsichtbar, lautlos und ohne Geruch. Aber ihre Auswirkungen kommen genauso unmittelbar, unwiderruflich, grausam und manchmal unausweichlich. Viele der früheren Gefahren haben die Menschen damals gemeistert, weil sie zusammenstanden und gemeinsam dagegen ankämpften. Viele der heutigen Gefahren sind erst dadurch entstanden, daß Wohlstand und Fortschritt die Menschen in die Isolation trieben. Viele müssen erst wieder lernen, miteinander zu reden und sich gegenseitig zu helfen.

Vielleicht kann ein solches Jubiläum ein wenig dazu beitragen, den Geist der Gemeinsamkeit wiederherzustellen. Eine solch lange Tradition einer kleinen Gemeinde wäre nicht möglich gewesen, wenn ihre Bürger nicht Gemeinsinn vor Eigennutz gestellt hätten, vor allem dann, wenn Gefahr für das Gemeinwohl drohte.

Wer die Augen nicht verschließen will vor den Problemen unserer Tage, sollte wissen, daß es an der Zeit ist, sich dieser alten Tugenden wieder zu erinnern. Nur dann wird es uns gelingen, wieder jene Freiräume zu schaffen, die nachfolgende Generationen selbstverantwortlich ausfüllen können. Diese Verpflichtung haben uns unsere Vorfahren in fünf Jahrhunderten vorgelebt und auferlegt. Wir wollen und dürfen uns ihr nicht entziehen.

Feste feiern

Gästebuchverse, Trinksprüche, Richtsprüche
Von D. Kellermann – 96 S., kartoniert
ISBN: 3-635-**60121**-7
Preis: DM 9,90

Sie müssen unverhofft einen Trinkspruch vortragen oder sich in einem Gästebuch verewigen? In diesem Buch gibt es eine Fülle von Beispielversen und Anregungen für formvollendete Wünsche und Danksagungen.

Geburtstag feiern
Von S. Harland – 128 S., kartoniert
ISBN: 3-635-**60131**-4
Preis: DM 14,90

In diesem Ratgeber finden Sie neben wertvollen Tipps zur Organisation auch zahlreiche Anregungen zur individuellen Gestaltung.

Geburtstagsfeste mitgestalten
Von A. Wilke, B. Haß – 96 S., kartoniert
ISBN: 3-8068-**1876**-2
Preis: DM 16,90

Einmalige Geburtstage mit originellen Ideen sind mit Hilfe dieses Ratgebers kein Problem mehr. Lassen Sie sich überraschen!

Kindergedichte für Familienfeste
Von B. H. Bull – 96 S., kartoniert
ISBN: 3-635-**60491**-7
Preis: DM 12,90

Ob zum Muttertag, zum Valentinstag oder zum Nikolaus, dieses Buch bietet mit unzähligen Gedichten einen wertvollen Fundus für Kinder und Erwachsene.

Reden und Vorträge zu runden Geburtstagen
Von H. Erfurt – 120 S., kartoniert
ISBN: 3-635-**60535**-2
Preis: DM 12,90

Ob im kleineren oder größeren Rahmen, zu Hause, im Verein oder in der Firma – dieses Buch hält Musterreden für jede Feier bereit. Mit der kleinen Rednerschule und den vielen Tipps und Tricks werden Sie zum Profi.

Die neue Glückwunschfibel
Von R. Christian-Hildebrandt – 106 S., kartoniert
ISBN: 3-635-**60031**-8
Preis: DM 9,90

Dieses Buch enthält eine Vielzahl von Glückwünschen in Versform und in Prosa für die Feste im Laufe eines Jahres.

Einladungen texten und gestalten
Von R. Zey, A. Bellingen – 80 S., kartoniert
ISBN: 3-635-**60074**-1
Preis: DM 9,90

Mustereinladungen mit Pfiff und viele Ideen zur Gestaltung der verschiedensten schriftlichen Einladungen.

Reden für Familienfeiern
Von G. Kunz – 112 S., kartoniert
ISBN: 3-635-**60281**-7
Preis: DM 12,90

Dieser Ratgeber enthält zahlreiche Musterreden zu allen Anlässen und gibt wertvolle Tipps zum Aufbau, Stil und Vortrag, damit Sie Ihre Rede unbefangen und mit Bravour vortragen können.

FALKEN

Stand der Preise: 1.6.1999. Änderungen vorbehalten

Das neue Bastelbuch für Kinder
Von U. Barff, I. Burkhardt, J. Maier – 208 S, gebunden
ISBN: 3-8068-**4893**-9
Preis: DM 39,90

Für alle, die gerne zusammen mit Kindern basteln, ist dieses Buch eine unersetzliche Fundgrube. Die Bastelideen sind nach Schwierigkeitsgrad gestaffelt und laden zum Nachmachen ein.

Punkt, Punkt, Komma, Strich
Von H. Witzig – 144 S., kartoniert
ISBN: 3-635-**60490**-9
Preis: DM 12,90

Kinder zeichnen und malen für ihr Leben gerne. Dieses erfolgreiche und beliebte Zeichenbuch gibt dazu die nötige Hilfestellung.

Einmal grad und einmal krumm
Von H. Witzig – 144 S., kartoniert
ISBN: 3-635-**60048**-2
Preis: DM 12,90

Das Buch ist eine wahre Fundgrube für Kinder, die gerne zeichnen. Mit Bleistift oder Feder entstehen lustige Illustrationen, der Fantasie sind keine Grenzen gesetzt.

Lustige Kasperlestücke
Von P. Wilhelm, J. Steffen – 96 S., kartoniert
ISBN: 3-8068-**1632**-8
Preis: DM 14,90

Acht neue Kasperlestücke, in Drehbuchform geschrieben – für Kinder ab 3 Jahren.

Komm, koch und back mit mir
Von S. und H. Theilig – 112 S., gebunden
ISBN: 3-8068-**4285**-x
Preis: DM 19,90

Zu kochen und zu backen macht Kinder großen Spaß – besonders, wenn es sich um das eigene Lieblingsgericht handelt. In diesem liebenswert illustrierten Koch- und Backbuch finden Sie viele ausgewählte Rezepte und eine Küchenkunde für die Kleinen.

Lustige Spiele mit Kleinkindern
Hrsg.: D. Maag – 80 S., kartoniert
ISBN: 3-635-**60477**-1
Preis: DM 6,00

Kleinkinder sprühen vor Energie und Lebensfreude, wollen spielen, toben und die Umwelt erkunden. In diesem Buch finden Sie eine Menge Spielideen, die den jeweiligen Entwicklungsstand der Kleinen berücksichtigen.

Kinderspiele allein und in der Gruppe
Von H. Müller-Stein – 120 S, kartoniert
ISBN: 3-635-**60488**-7
Preis: DM 12,90

Allen Eltern, Großeltern, Onkeln und Tanten, die Kinder fröhlich spielen sehen wollen, hilft dieses Buch. Es bringt altes und Neues für Kinder, die allein spielen, zu zweit oder zu mehreren, im Haus oder im Freien, daheim oder am Urlaubsort.

Korrespondenz und Rhetorik

FALKEN

Der moderne Brief
Von G. Reinert-Schneider – 112 S., kartoniert
ISBN: 3-8068-**1440**-6
Preis: DM 14,90

Langweilige Pflichtbriefe an die Verwandtschaft müssen ebensowenig sein wie schwer verständliche Geschäftsbriefe im Beamtendeutsch. Dieser Ratgeber vermittelt das nötige Rüstzeug für wirkungsvolle Briefe, die beim Empfänger gut ankommen.

Der erfolgreiche Geschäftsbrief
Von G. Reinert-Schneider – 256 S., kartoniert
ISBN: 3-8068-**2074**-0
Preis: DM 29,90

Schriftliche Kommunikation hat großen Einfluss auf die Beziehung zu Kunden und Lieferanten, Kollegen und Mitarbeitern. Je empfängerorientierter ein Schreiben ist, desto größer sind die Chancen, dass der Verfasser erreicht, was er möchte.

Briefe und Reden für den Trauerfall
Von U. Wetter – 112 S., kartoniert
ISBN: 3-8068-**1789**-8
Preis: DM 16,90

Manche Kondolenz bleibt ungeschrieben, manche Grabrede ungehalten, denn es fällt schwer, auf individuelles Unglück und persönliche Trauer mit den richtigen Worten zu reagieren. Allen, die für Beileidsbekundung Anregungen suchen, ist dieser Band eine verlässliche Orientierung.

Moderne Rhetorik
Von D. Felbinger – 104 S., kartoniert
ISBN: 3-8068-**1897**-5
Preis: DM 19,90

Ein rhetorisch gewandter, wirkungsvoller Auftritt ist die Summe aus sicherem Sprachempfinden, bewusst eingesetzter Körpersprache und persönlicher Ausstrahlung. Dieser Grundlagenband macht den Leser mit den Bereichen und Instrumenten der Rhetorik vertraut.

Modernes Redetraining
Von R. Brehler – 120 S., kartoniert
ISBN: 3-8068-**1575**-5
Preis: DM 19,90

Dieser Ratgeber für fast alle privaten, öffentlichen und beruflichen Redeanlässe beschreibt nicht nur das Rüstzeug eines jeden Redners, sondern auch die Vielzahl begleitender Faktoren einer wirkungsvollen Rede wie Artikulation, Blickkontakt, Gestik, Mimik, Körpersprache, Manuskriptvorbereitung, räumliche Gegebenheiten usw.

Das letzte Wort behalten
Von R. Allen – 144 S., kartoniert
ISBN: 3-635-**60456**-9
Preis: DM 16,90

Obwohl kaum einer gerne streitet, sind die meisten von uns häufig in verschiedenste Streitigkeiten verwickelt. Allen denjenigen, die dabei häufiger als „Verlierer" vom Feld gehen, soll dieses Buch helfen.

Stand der Preise: 1.6.1999. Änderungen vorbehalten